国家出版基金项目
NATIONAL PUBLICATION FOUNDATION

中宣部2022年主题出版重点出版物

"十四五"国家重点图书出版规划项目

纪录小康工程

全面建成小康社会

重庆奋斗者
CHONGQING FENDOUZHE

本书编写组

重庆出版集团 重庆出版社

责任编辑：李　茜
封面设计：石笑梦　胡耀尹
版式设计：汪　阳　胡耀尹

图书在版编目（CIP）数据

全面建成小康社会重庆奋斗者/本书编写组编著 .—重庆：重庆出版社，
　2022.10
（"纪录小康工程"地方丛书）

ISBN 978-7-229-16917-6

I.①全… II.①本… III.①先进工作者—先进事迹—重庆

IV.① K820.871.9

中国版本图书馆 CIP 数据核字（2022）第 097947 号

全面建成小康社会重庆奋斗者
QUANMIAN JIANCHENG XIAOKANG SHEHUI CHONGQING FENDOUZHE

本书编写组

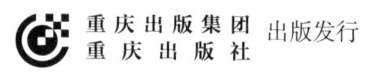

重庆出版集团　出版发行
重 庆 出 版 社

（400061　重庆市南岸区南滨路 162 号 1 幢）

重庆恒昌印务有限公司印刷　新华书店经销

2022 年 10 月第 1 版　2022 年 10 月重庆第 1 次印刷
开本：710 毫米 × 1000 毫米 1/16　印张：17.75
字数：216 千字
ISBN 978-7-229-16917-6　定价：62.50 元

邮购地址 400061　重庆市南岸区南滨路 162 号 1 幢
重庆出版集团图书发行有限责任公司　电话（023）61520646

版权所有·侵权必究
凡购买本社图书，如有印制质量问题，我社负责调换。
服务电话：(023) 61520646

总　序

为民族复兴修史　为伟大时代立传

小康，是中华民族孜孜以求的梦想和夙愿。千百年来，中国人民一直对小康怀有割舍不断的情愫，祖祖辈辈为过上幸福美好生活劳苦奋斗。"民亦劳止，汔可小康""久困于穷，冀以小康""安得广厦千万间，大庇天下寒士俱欢颜"……都寄托着中国人民对小康社会的恒久期盼。然而，这些朴素而美好的愿望在历史上却从来没有变成现实。中国共产党自成立那天起，就把为中国人民谋幸福、为中华民族谋复兴作为初心使命，团结带领亿万中国人民拼搏奋斗，为过上幸福生活胼手胝足、砥砺前行。夺取新民主主义革命伟大胜利，完成社会主义革命和推进社会主义建设，进行改革开放和社会主义现代化建设，开创中国特色社会主义新时代，经过百年不懈奋斗，无数中国人摆脱贫困，过上衣食无忧的好日子。

特别是党的十八大以来，以习近平同志为核心的党中央统揽中华民族伟大复兴战略全局和世界百年未有之大变局，团结带领全党全国各族人民统筹推进"五位一体"总体布局、协调推进"四个全面"战略布局，万众一心战贫困、促改革、抗疫情、谋发展，党和国家事业取得历史性成就、发生历史性变革。在庆祝中国共产党成立100周年大会上，习近平总书记庄严宣告："经过全党全国各族人民持续奋斗，我们实现了第一个百年奋斗目标，在中华大地上全面建成了小康社会，历史性地解决了绝对贫困问题，正在意气风发向着全面建成社会主义现代化强国的第二个百年奋斗目标迈进。"

这是中华民族、中国人民、中国共产党的伟大光荣！这是百姓的福祉、国家的进步、民族的骄傲！

全面小康，让梦想的阳光照进现实、照亮生活。从推翻"三座大山"到"人民当家作主"，从"小康之家"到"小康社会"，从"总体小康"到"全面小康"，从"全面建设"到"全面建成"，中国人民牢牢把命运掌握在自己手上，人民群众的生活越来越红火。"人民对美好生活的向往，就是我们的奋斗目标。"在习近平总书记坚强领导、亲自指挥下，我国脱贫攻坚取得重大历史性成就，现行标准下9899万农村贫困人口全部脱贫，建成世界上规模最大的社会保障体系，居民人均预期寿命提高到78.2岁，人民精神文化生活极大丰富，生态环境得到明显改善，公平正义的阳光普照大地。今天的中国人民，生活殷实、安居乐业，获得感、幸福感、安全感显著增强，道路自信、理论自信、制度自信、文化自信更加坚定，对创造更加美好的生活充满信心。

全面小康，让社会主义中国焕发出蓬勃生机活力。经过长期努力特别是党的十八大以来伟大实践，我国经济实力、科技实力、国防实力、综合国力跃上新的大台阶，成为世界第二大经济体、第一大工业国、第一大货物贸易国、第一大外汇储备国，国内生产总值从1952年的679亿元跃升至2021年的114万亿元，人均国内生产总值从1952年的几十美元跃升至2021年的超过1.2万美元。把握新发展阶段、贯彻新发展理念、构建新发展格局、推动高质量发展，全面建设社会主义现代化国家，我们的物质基础、制度基础更加坚实、更加牢靠。全面建成小康社会的伟大成就充分说明，在中华大地上生气勃勃的创造性的社会主义实践造福了人民、改变了中国、影响了时代，世界范围内社会主义和资本主义两种社会制度的历史演进及其较量发生了有利于社会主义的重大转变，社会主义制度优势得到极大彰显，中国特色社会主义道路越走越宽广。

全面小康，让中华民族自信自强屹立于世界民族之林。中华民族有五千多年的文明历史，创造了灿烂的中华文明，为人类文明进步作出了卓越贡献。近代以来，中华民族遭受的苦难之重、付出的牺牲之大，世所罕见。中国共产党带领中国人民从沉沦中觉醒、从灾难中奋起，前赴后继、百折不挠，战胜各种艰难险阻，取得一个个伟大胜利，创造一个个发展奇迹，用鲜血和汗水书写了中华民族几千年历史上最恢宏的史诗。全面建成小康社会，见证了中华民族强大的创造力、坚韧力、爆发力，见证了中华民族自信自强、守正创新精神气质的锻造与激扬，实现中华民族伟大复兴有了更为主动的精神力量，进入不可逆转的历史进程。今天,我们比历史上任何时期都更接近、更有信心和能力实现中华民族伟大复兴的目标,中国人民的志气、骨气、底气极大增强,奋进新征程、建功新时代有着前所未有的历史主动精神、历史创造精神。

全面小康,在人类社会发展史上写就了不可磨灭的光辉篇章。中华民族素有和合共生、兼济天下的价值追求,中国共产党立志于为人类谋进步、为世界谋大同。中国的发展,使世界五分之一的人口整体摆脱贫困,提前十年实现联合国2030年可持续发展议程确定的目标,谱写了彪炳世界发展史的减贫奇迹,创造了中国式现代化道路与人类文明新形态。这份光荣的胜利,属于中国,也属于世界。事实雄辩地证明,人类通往美好生活的道路不止一条,各国实现现代化的道路不止一条。全面建成小康社会的中国,始终站在历史正确的一边,站在人类进步的一边,国际影响力、感召力、塑造力显著提升,负责任大国形象充分彰显,以更加开放包容的姿态拥抱世界,必将为推动构建人类命运共同体、弘扬全人类共同价值、建设更加美好的世界作出新的更大贡献。

回望全面建成小康社会的历史,伟大历程何其艰苦卓绝,伟大胜利何其光辉炳耀,伟大精神何其气壮山河!

这是中华民族发展史上矗立起的又一座历史丰碑、精神丰碑!这座丰碑,凝结着中国共产党人矢志不渝的坚持坚守、博大深沉的情怀胸襟,辉映着科学理论的思想穿透力、时代引领力、实践推动力,镌刻着中国人民的奋发奋斗、牺牲奉献,彰显着中国特色社会主义制度的强大生命力、显著优越性。

因为感动，所以纪录；因为壮丽，所以丰厚。恢宏的历史伟业，必将留下深沉的历史印记，竖起闪耀的历史地标。

中央宣传部牵头，中央有关部门和宣传文化单位，省、市、县各级宣传部门共同参与组织实施"纪录小康工程"，以为民族复兴修史、为伟大时代立传为宗旨，以"存史资政、教化育人"为目的，形成了数据库、大事记、系列丛书和主题纪录片4方面主要成果。目前已建成内容全面、分类有序的4级数据库，编纂完成各级各类全面小康、脱贫攻坚大事记，出版"纪录小康工程"丛书，摄制完成纪录片《纪录小康》。

"纪录小康工程"丛书包括中央系列和地方系列。中央系列分为"擘画领航""经天纬地""航海梯山""踔厉奋发""彪炳史册"5个主题，由中央有关部门精选内容组织编撰；地方系列分为"全景录""大事记""变迁志""奋斗者""影像记"5个板块，由各省（区、市）和新疆生产建设兵团结合各地实际情况推出主题图书。丛书忠实纪录习近平总书记的小康情怀、扶贫足迹，反映党中央关于全面建成小康社会重大决策、重大部署的历史过程，展现通过不懈奋斗取得全面建成小康社会伟大胜利的光辉历程，讲述在决战脱贫攻坚、决胜全面小康进程中涌现的先进个人、先进集体和典型事迹，揭示辉煌成就和历史巨变背后的制度优势和经验启示。这是对全面建成小康社会伟大成就的历史巡礼，是对中国共产党和中国人民奋斗精神的深情礼赞。

历史昭示未来，明天更加美好。全面建成小康社会，带给中国人民的是温暖、是力量、是坚定、是信心。让我们时时回望小康历程，深入学习贯彻习近平新时代中国特色社会主义思想，深刻理解中国共产党为什么能、马克思主义为什么行、中国特色社会主义为什么好，深刻把握"两个确立"的决定性意义，增强"四个意识"、坚定"四个自信"、做到"两个维护"，以坚如磐石的定力、敢打必胜的信念，集中精力办好自己的事情，向着实现第二个百年奋斗目标、创造中国人民更加幸福美好生活勇毅前行。

目　录

■ 一、英雄篇——气壮山河 1

邱少云：在烈火中永生的钢铁战士 3
刘文学：英勇保卫集体财产的少年英雄 7
蒋　诚：用鲜血和无悔诠释共产党员的铮铮誓言 10
杨雪峰：不畏牺牲、守护群众的人民警察 17
王红旭：他用生命托起了"师魂" 22
刘传健：以生命的名义捍卫最高职责 30
徐前凯：一名共产党员的"简单"选择 36

■ 二、奋斗篇——脱贫攻坚 41

毛相林："我愿当一辈子筑路人" 43
熊尚兵："我的事业全在齐圣村" 49
王贞六：要让乡亲们都尝到养蜂的"甜头" 54
杨云刚：勤劳养蜂　甜蜜致富 60
付体碧："只要肯干，就有活路！" 63
唐　华：因地制宜带领村民种药材 68

田茂友：带领村民种油茶走上脱贫路 …………………………………… 73
廖和平：为脱贫攻坚贡献高校智慧 ……………………………………… 77
颜　安："三门记者"的田坎情结 ………………………………………… 81
魏宗平："带领乡亲过上好日子才是真本事" …………………………… 87
郭　平：为了这头"熊猫猪" ……………………………………………… 91

三、勤勉篇——全心全意 …………………………………………… 95

邓平寿：春蚕到死丝不尽 ………………………………………………… 97
杨　骅："他是为公家走的，光荣！" …………………………………… 104
夏　强："筒靴书记"的扶贫故事 ……………………………………… 110
王祥生：带领乡亲们在乡村振兴的路上越跑越远 …………………… 116
孟　玲：甘作脱贫攻坚道路上的一粒"小石子" …………………… 121
杨　懿："甩手"书记治村记 …………………………………………… 126
匡后明："石锣奇迹"领头人 …………………………………………… 130
白天树：让贫困户过上"甜蜜"好日子 ……………………………… 135

四、真情篇——爱意涌流 ………………………………………… 141

马善祥："一辈子做群众需要的人" …………………………………… 143
冉绍之：为了移民的根本利益 ………………………………………… 149
李玉珍："我只是党培养的一个普通孩子" …………………………… 154
谢彬蓉：当过兵的老师就是不一样 …………………………………… 160
谢　兰：一位社区党委书记和1422人的安居梦 ……………………… 166
傅山祥：战疫中的"帐篷书记" 战洪中的"潜水书记" …………… 173
罗旦华：做守护群众安全的"仙女山骑士" ………………………… 177

何　巧：把为民服务脚印留在平凡岗位……………………………181
徐玲玲：最美的守护……………………………………………………188
于婷婷："帮助他们，就像在帮助曾经的自己"………………………196

五、匠心篇——精益求精……………………………………………201

刘永刚：从普通士兵到国家级技能大师………………………………203
张　杰：用敬业坚守诠释工匠精神……………………………………208
刘　源："看听析查"成就机电"神医"………………………………212
柏兴旺：他焊的铁板有种特别的美感…………………………………216
姚鸿洲：梦想造"通达九州"的轨道车辆……………………………220
杨德正："我就想研制中国最好的水泵"………………………………224

六、事业篇——创新实干……………………………………………229

鲜学福：中国煤层瓦斯基础研究的开拓者……………………………231
易志坚：开创"沙漠土壤化"试验的先行者…………………………237
毛　青："我敬畏这个职业，尊重每一个生命"………………………243
霍仕平：矢志服务"三农"的玉米专家………………………………248
黎方银：让石刻"活"起来的人………………………………………252
王导新：站在抗击新冠肺炎疫情一线的博士生导师…………………259
杨浪浪：让红色基因代代相传…………………………………………264
简　敏：辅导员不是只管吃喝拉撒的"保姆"………………………269

后　记………………………………………………………………273

一、英雄篇
——气壮山河

邱少云：
在烈火中永生的钢铁战士

人物简介：

邱少云，男，汉族，1926年7月生，中共党员，生前系中国人民志愿军第15军87团9连战士，被追记特等功。1953年获得"一级英雄""朝鲜民主主义人民共和国英雄"等荣誉称号，2009年入选"100位新中国成立以来感动中国人物"。

2019年"七一"前夕，广大党员到铜梁区邱少云烈士纪念碑前，缅怀革命先烈，重温入党誓词，庆祝党的生日（郭洪 摄）

邱少云，1926年生，重庆市铜梁区少云镇（原四川省铜梁县关建乡）人。

新中国成立前，邱少云的父母都是贫苦的农民，全家六口人靠一块巴掌大的土地过活。邱少云的父亲不得不去帮船主拉纤运货，拼命干活，最后被可恶的老板害死。邱少云13岁那年，母亲也离开了人世，两个小弟弟送给了人家，邱少云和哥哥被迫去给地主打长工，后又被抓了壮丁。

1949年，解放军进入四川，从壮丁营中救出了邱少云。就在这一年12月25日，满怀感激之情的邱少云参加了中国人民解放军。

新中国成立不久，朝鲜战争爆发，战火烧到鸭绿江边，威胁着新中国安全。

"雄赳赳，气昂昂，跨过鸭绿江……" 1950年10月，党中央发出"抗美援朝，保家卫国"的号召，中国人民志愿军陆续开赴朝鲜。在抗美援朝战争中涌现了许多英雄，邱少云就是其中之一。

1951年3月25日，邱少云作为中国人民志愿军的一员，跨过了鸭绿江。

邱少云烈士纪念馆馆长王成金告诉重庆日报记者，1951年3月15日，邱少云随部队开赴朝鲜途中，给家人写了一封信："我决心杀敌立功，带着光荣花回来看你们……"字字句句流露出他对战争必胜的信心。

到朝鲜后不久的一天，部队在一个村庄休整，正遇上敌人的飞机轰炸，整个村庄立刻成了一片火海，战士们立即投入了抢救工作。邱少云不顾生命危险冲进了一间燃烧着的窝棚，只见里面一位妇女已经惨死，邱少云抱起死者身边的两个可怜的孩子冲出了火海……目睹美帝国主义的侵略暴行，邱少云胸中充满了愤怒的火焰，他下决心，要为打败美国侵略者贡献自己的一切。

1952年10月，邱少云所在的连队接受了一项光荣而艰巨的任务，消灭平康和金化之间的"391"高地的敌军。然而"391"高地地形独特，易守难攻。在敌军和我军阵地之间还有3000多米宽的开阔地，是敌人的炮火封锁区。在这样长距离的炮火下冲击，必会导致我军较大伤亡，影响战斗的顺利进行。上级决定采用隐蔽作战，在发起攻击的前一天夜里，把部队潜伏在敌人阵地的前沿，打敌人一个措手不及。要使几百人在敌人眼皮底下隐蔽20多个小时而不能有一人暴露，这个任务是何等艰巨。邱少云和他的战友们毫不畏惧，争相请战。

临行前，邱少云立下了钢铁誓言：为了战斗的胜利，甘愿献出自己的一切。

深夜，500多名身披伪装草网的战士，以迅雷不及掩耳的速度在那蒿草丛生的开阔地埋伏了下来。

也许是敌人对这片开阔地的情况有所怀疑，不多时，几架敌机朝着志愿军的阵地投下燃烧弹。有一颗燃烧弹落在了离邱少云两米远的草地上。不一会，插在邱少云腿上的蒿草被点着了，火苗在升腾。在邱少云后边，就是一条水沟，只要往沟里一滚，就可以把火扑灭。

然而，这样就会把目标暴露给敌人，整个战斗布置将前功尽弃，500多名战友将面临巨大的危险。后方的指挥员对此心急如焚。好一个钢铁战士邱少云，任凭火焰越烧越猛，他强忍着常人难以想象的巨大痛楚，以超常的毅力，咬紧牙关，纹丝不动。火烧得更大了，周围的战友甚至能闻到肉体烧焦的味道，而邱少云仍旧静静地趴在那里，直到火焰将他整个吞噬……

为了全体战友的安全，为了战斗的最后胜利，邱少云献出了自己宝贵的生命。

黄昏来临，出击的时间到了。战友们怀着满腔仇恨，高呼着为战友报仇的口号，排山倒海般地向敌人阵地冲去。经过激烈的战斗，敌人全部被消灭，"391"高地上飘扬起胜利的旗帜。

战斗结束后，同志们在邱少云潜伏的位置上，看见他用双手在地上抠出的深深的土坑……

1952年11月6日，中国人民志愿军总部决定为邱少云追记特等功。1953年6月，他获得"一级英雄"称号。1953年6月25日，朝鲜民主主义人民共和国最高人民会议常任委员会授予邱少云"朝鲜民主主义人民共和国英雄"称号，同时授予他金星奖章、一级国旗勋章。

改编自《1952年10月12日邱少云壮烈牺牲》，《重庆日报》，2021年10月12日。

刘文学：
英勇保卫集体财产的少年英雄

人物简介：

刘文学，男，汉族，1945年2月生，少先队员，生前系重庆市合川区（原四川省合川县）渠嘉乡双江村小学学生。2009年入选"100位新中国成立以来感动中国人物"。

合川区云门双江小学刘文学之墓（唐苓芹 摄）

全面建成小康社会重庆奋斗者

"渠江水，弯又长，有颗红星闪光芒，少年英雄刘文学，英雄事迹传四方……"那些生于20世纪五六十年代的人们，每当回想起这首曾经传遍大江南北的英雄赞歌，就仿佛被带回到了60多年前的激情岁月。

1945年，少年英雄刘文学出生于合川县渠嘉乡（今合川区云门街道）双江村的一个贫苦农民家庭，受够了地主的压迫与剥削。新中国成立后，刘文学一家也获得了新生，他也背上书包踏入了小学校门。

在双江小学读书期间，他尊敬师长，团结同学，帮助同学，学习非常刻苦，加入了少先队，戴上了红领巾。在学习之余，他还与同学一起参加义务劳动，在学校附近种"油菜王"、捉白菜虫，同时还前往一位退伍还乡的志愿军战士家，听志愿军叔叔讲抗美援朝、保家卫国的故事，接受爱国主义教育。回到家里，他还经常与大人一起参加生产队的劳动，从不叫苦叫累。刘文学在学校是一名好学生，在家里是一个好孩子，是一位爱憎分明、立场坚定的少先队员。特别是在一次公安人员追捕逃犯的过程中，刘文学临危不惧、机智勇敢，协助公安人员将逃犯抓捕归案，受到了公安人员的表扬。

1959年11月18日，刘文学放学后参加完生产队夜班劳动，在回家的路上，发现地主分子王荣学正在偷集体地里的海椒。为保卫集体财产，刘文学独自一人同王荣学搏斗，被王荣学杀害，牺牲时年仅14岁。

1959年12月18日，中共合川县委与共青团合川县委在体育场召开2万多名青少年和群众参加的追悼大会，共青团合川县委追认刘文学为"中国少年先锋队优秀队员"，并号召全县青少年积极开展学习刘文学优秀事迹的活动。县人民法院依法判处王荣学死刑，当场执行枪决。

一、英雄篇——气壮山河

刘文学为保护集体财产而英勇牺牲的英雄事迹,不仅传遍了大江南北,而且还传到了苏联、朝鲜等国家,写给刘文学母亲的慰问信如雪片一样从四面八方寄来。

1960年初,共青团江津地委(当时合川县隶属江津地区管辖)追认刘文学为"模范少先队员",共青团四川省委向全省少年儿童发出了"学习刘文学,做毛主席的好孩子"的号召。《中国青年报》、《中国少年报》、《红领巾》杂志、《四川日报》、《重庆日报》、《四川青年报》等35家报刊杂志对刘文学的英雄事迹进行了报道。

为宣传少年英雄刘文学的英雄事迹,上海人民出版社出版了《刘文学》连环画,四川人民出版社出版了《毛主席的好孩子刘文学》等图书,文艺工作者还谱写了《歌唱刘文学》歌曲,中央音乐学院教授、合川籍歌唱家周强还专门录制了唱片,并在全国发行传唱。吉林出版集团、吉林文史出版社于2012年编辑出版了"100位新中国成立以来感动中国人物"大型丛书,《刘文学》为其中一部。合川区戏剧家协会排演了四川清音表演唱《英雄少年刘文学》,并于2014年11月18日赴中国台湾地区交流演出,将刘文学的光荣事迹传到宝岛台湾。

"渠江水,弯又长,有颗红星闪光芒,少年英雄刘文学,英雄事迹传四方……"少年英雄刘文学的英雄事迹不仅影响和教育了整整一代人,甚至几代人,其英雄事迹和英雄赞歌至今仍被人们广为传颂与传唱。20世纪80年代,合川县人民政府、民政部先后批准刘文学为烈士。2009年,少年英雄刘文学入选"100位新中国成立以来感动中国人物"。

改编自刘文学纪念馆宣传材料。

蒋 诚：
用鲜血和无悔诠释共产党员的铮铮誓言

人物简介：

蒋诚，男，汉族，1928年12月生，中共党员，重庆市合川区隆兴镇玉河村村民，曾是抗美援朝志愿军战士，被授予一等功。2019年获得"中国好人"荣誉称号，2021年获得全国助人为乐模范荣誉称号。

蒋诚在接受记者采访（张锦辉 摄）

一、英雄篇——气壮山河

重庆有这样一名老兵，在上甘岭战役中，肠子被炸出来，他重新塞回去继续战斗；他以重机枪歼敌400余名、击毁敌重机枪一挺，并奇迹般地用机枪击落敌机一架，荣获一等功。

退伍复员后，他没向任何一级组织透露过自己堪称传奇的功绩，只是以一个农民的身份默默劳作。直至一份《革命军人立功喜报》在一系列巧合下被发现，他的功绩才大白于天下。他因落实政策获得"全民职工"待遇之日，已年逾60。

这样一名老兵，用自己的鲜血和无悔，诠释了一名共产党员的铮铮誓言。

他叫蒋诚，一位说话都不利索的90多岁的老人，现居合川区隆兴镇。

执念：参军杀敌

蒋诚生于1928年，整个青少年时期都在战火与动荡中度过。

1949年12月，在解放成都的隆隆炮声中，21岁的蒋诚加入了解放军，成为11军31师92团1营机炮连战士。1950年10月，抗美援朝战争爆发，1951年1月，蒋诚所在部队编入志愿军第12军建制，并于3月由长甸河口入朝参战。

也就在入朝参战的3月，时年23岁的蒋诚被火线提拔为机炮连副班长，与战友一道，扛着他心爱的机枪，唱着"雄赳赳，气昂昂"的军歌，跨过了鸭绿江。

记者辗转找到的蒋诚士兵档案显示，入朝后不久，蒋诚便在"一九五二年六月于朝鲜金城由张云介绍入党"。

全面建成小康社会重庆奋斗者

据《中国人民志愿军战史》等史料记载，1951年4月22日至11月，蒋诚所在的12军先后参与第五次战役、金城防御作战等大小战斗400余次，并重创土耳其旅。

"就是不停打、打、打！要消灭所有敌人！"从蒋诚勉强可辨的话语里不难发现，"消灭所有敌人"六字，贯穿了他所有的朝鲜战场记忆。

1952年11月1日，蒋诚所在的12军开始投入上甘岭战役。彼时，在上甘岭负责第一阶段战斗的志愿军第15军45师，已在短短半个月的血战中拼光了5600余人。蒋诚与战友们，就是在如此残酷的战况下冲上火线。

英雄老去，青史犹存。12军战史清楚地记载，1952年11月8日，蒋诚所在的92团到达上甘岭，旋即被上级要求准备3天，11日发动反击。

彼时，上甘岭"537.7"高地已陷入最危急境地，该高地经过4天连日血战后，仅剩24人退守7号坑道，并且连续11天断水断粮。

蒋诚所在的92团，就在这千钧一发之际，冲上了朝鲜战场最危险的火线。

就是在这场事关整个朝鲜战局走向的残酷血战中，蒋诚创下了奇功，以手持轻武器击落敌机一架。

"一架敌机要轰炸我们，它冲下来，我就打它的头；它飞过去，我就打它的尾巴……"神志、口齿已不清的蒋诚，说到击落那架敌机时的细节，却表达得异常清楚。

按照蒋诚的回忆，当时突遭敌机轰炸时，作为机枪手的他，在战友们都在紧急寻找掩蔽时，扛着机枪跳进了一处深坑。

一、英雄篇——气壮山河

"我站在沟底,把机枪架在沟沟上头,就开始打,也不管打不打得着。"老人双手不停颤抖着比画,那一刻他的眼神无比闪亮。

传奇:一人歼敌四百余人

比蒋诚的回忆更具说服力和震撼性的,是他的立功受奖说明:"一九五二年十一月于上甘岭战役中,配合反击坚守五三七点七高地战斗里,该同志发挥了高度的英勇顽强精神,克服了重重困难,带领班里在严密敌炮封锁下,熟练地掌握了技术……击落敌机一架……"

更令人难以置信的是,这份立功受奖说明里还详细地记载了一项在整个人民军队战史上都堪称奇迹的辉煌战果:"以重机枪歼敌四百余名,击毁敌重机枪一挺,有力地压制了敌火力点,封锁了敌运输道路……"

往事并不如烟,即便是相隔半个多世纪,从这份早已泛黄的立功受奖说明的字里行间中,仍能感受到那场战事的惨烈。

也正是在这场战斗中,蒋诚身负重伤。

"他原来说过,肠子被打穿了,他就自己把肠子揉进去,还要打!"蒋诚的老伴陈明秀说起这些时,嘴角仍会止不住地抽搐。

在蒋诚右腹部,赫然有一道6厘米的深凹进去的伤疤。无从猜度蒋诚在腹部出现开放性伤口,肠子都流出来的情况下,是以怎样的悍勇把肠子塞回体内,又是以怎样的坚毅,裹伤再战。

但他的立功受奖说明,直接证实了这一惊天动地的细节:"……身负重伤,还不愿下火线,配合步兵完成了任务,对战斗胜利起了重大作用。"

此役毕，蒋诚被授予一等功，通令嘉奖。

复员：退伍返乡当农民

1953年12月，一等功臣蒋诚升任志愿军第12军31师92团1营机枪连班长。

随着朝鲜战事结束，1954年，在朝鲜战场征战4年的蒋诚随部回国。

士兵档案显示，蒋诚退伍时带回家乡的只有5样物品：便衣1套、鞋袜各1双、毛巾1条、肥皂1条、布票16尺。

回到家乡，这个在血火战场上悍勇无比的英雄，重新成为了一个农民。

"我们就晓得他参加过抗美援朝战争，但不晓得他立过那么大的战功！"蒋诚60多岁的亲侄儿蒋仁先，对于伯伯曾经辉煌的历史，也是一无所知。

"爸爸的几个奖章我看过，但都是纪念章，没看到军功章。"蒋诚的儿子蒋明辉如是说。

即便是记者穷尽了各种可能的方式全力搜寻，但蒋诚从1955年2月退伍到1964年4月这近10年的履历，皆属空白。

"就是当农民呗！"陈明秀一语道破。原来复员返乡后的蒋诚，压根没有找过任何部门，而是完全以一个普通农民身份务农，闲暇时参与修建铁路等。

一、英雄篇——气壮山河

直到1964年4月，蒋诚因有一手高超的蚕桑养殖技术，临时到当时的隆兴乡从事蚕桑工作。而这份临时性的工作，他一干就是24年。

信仰："国家"二字永远高于一切

1988年，埋首乡野30余年的一等功臣蒋诚，意外地迎来了两件大事。

第一件大事，是一份阴差阳错尘封了30多年的《革命军人立功喜报》，因为一个极其偶然的因素被发现。

那一年，原合川师范学校校长王爵英负责修撰《合川县志》，查找档案资料时发现一份《革命军人立功喜报》。

《喜报》载明："贵府蒋诚同志在上甘岭战役中，创立功绩，业经批准记一等功一次，除按功给奖外，特此报喜。恭贺蒋诚同志为人民立功，全家光荣。"

对原合川县而言，这是一份珍贵史料。但王爵英发现，这份《喜报》"备考"一栏，被注明"由八区退回，查无此人"。

回头查看投送地址，写着"四川省合川县四区兴隆乡南亚村"。巧的是，当时的合川，恰恰既有隆兴乡也有兴隆乡；更巧的是，王爵英恰恰又是蒋诚的弟弟蒋启鹏多年前的老师。

"会不会误将'隆兴乡'写成了'兴隆乡'，从而导致'查无此人'？"王爵英主动联系上蒋启鹏，并与相关单位核实。

此事随后得到各方验证，埋首乡野30余年的蒋诚，正是当年在朝鲜战场立下奇功的一等功臣。

第二件大事，就是随着这份《革命军人立功喜报》的面世，蒋诚迎来了一份由当时的合川县政府在1988年9月23日签发的通知，这份通知名为《关于将蒋诚同志收回县蚕桑站为工人享受全民职工待遇的通知》。

从1952年上甘岭战役立下一等功，到1988年"落实政策"成为"全民职工"，时间流淌了整整36年。

36年间，蒋诚没向任何一级组织透露过自己曾经辉煌的功绩，也没找任何一级组织提出哪怕是正常安排工作的请求，只是以一个农民的身份默默劳作。

"我是国家的人，我还要为国家做事的！"这是老伴劝蒋诚换下那条早已千疮百孔的绿军裤时，蒋诚倔强的话语。

对这个老兵而言，"国家"二字，永远高于一切。

改编自陈波：《一等功臣蒋诚用鲜血和无悔诠释共产党员的铮铮誓言》，《重庆日报》，2019年7月31日。

杨雪峰：
不畏牺牲、守护群众的人民警察

人物简介：

杨雪峰，男，汉族，1976年6月生，中共党员，生前系重庆市公安局渝北区分局交巡警支队石船公巡大队副大队长。2018年获得"时代楷模"荣誉称号，2019年获得"最美奋斗者"荣誉称号。

杨雪峰在工作岗位上（重庆市公安局 供图）

2018年2月18日，大年初三，万家团圆的日子。

这一天，重庆市公安局渝北区分局交巡警支队石船公巡大队副大队长杨雪峰在节日值班岗位上执勤遇袭，在颈部、腹部已受致命伤时，他仍死死抓住嫌疑人的手，拼尽全力打落歹徒手中的尖刀，防止伤及群众。

他的生命永远定格在了这一天，年仅41岁。

他，用鲜血和忠诚诠释了人民警察的责任和担当，守护了人民群众的安宁和祥和。

忠魂

"那天是大年初三，家里晚上要招待亲戚，我还在等他下班开车接我去超市买菜，谁知道，等来的却是……"丈夫去世已经半年，杨雪峰的妻子黄雅莉还是难以完整叙述事情的经过，半年来她的体重减轻10多斤，"总感觉他还是去执勤了，还没回来……他从来都不按时回家，我都习惯了……"

大年初三那天，节日的欢愉让重庆市渝北区石船镇319国道车流量剧增。为了让群众节日出行顺畅，一大早，杨雪峰便带领同事赶往石船镇渝长东街十字路口疏导交通。

11时许，石船镇人张某驾摩托车违法搭载两人经过，杨雪峰上前纠违，并责令其改正。张某曾因盗窃被判刑，长期对社会心怀不满，遂心生恶念，回家取了尖刀，返回现场尾随杨雪峰跟他理论，然后趁其不备朝他腹部、颈部连刺数刀。杨雪峰当即血流如注。现场监控视频清晰地显示，为不伤及周围群众，他拼尽最后一丝力气与凶徒奋力搏斗，一手死死攥住对方，另一手奋力打掉对方手里的尖刀。

张某被赶来的警察制伏，杨雪峰却倒在了血泊之中。当日11时38分，杨雪峰因失血过多，抢救无效因公殉职。

"如果他不和张某搏斗，应该能多撑一阵，应该会多一分生还的可能！"杨雪峰的同事、石船公巡大队大队长黄长富和同事们事后都这样认为。黄长富说，杨雪峰颈动脉被刺伤，扭打不仅会撕裂伤口，而且会加快血液循环导致失血更加严重。身为警察的杨雪峰岂能不知这样做的后果？

"如果让他再选一次，他还是会继续搏斗！"黄长富说。他理解杨雪峰，作为一个长期爱岗敬业，把保护群众生命财产、维护社会秩序当作天职的人民警察，抓歹徒已经是他的本能反应。

暖警

石船镇印盒村村民周华云至今也不愿相信他们的杨警官已经走了。"我们都叫他'暖警'，因为他不仅执法有力度，更有温度。"周华云说，"印盒村的村民们一直都在感念杨警官的恩情。"

2017年10月，杨雪峰在巡逻时发现一辆微型面包车上拉载了20多个小学生，严重超载。杨雪峰带领民警拦停车辆并依法对驾驶员给予了处罚。

"车上坐的就有我女儿，当时村民们还不理解，只顾着学校离家远，没有面包车娃儿们上学不方便，还怪警察多管闲事。"周华云说。但杨雪峰不仅在处罚完驾驶员后，安排警车将学生们送回家，而且主动与镇政府、交通部门和学校联系，为孩子们争取校车。在他的多方联络下，农村客运公司为学校安排了4辆客车，每天按时接送学生。

"杨队用自己的行动诠释了什么是执法为民。"杨雪峰的同事、石船公巡大队民警杨斌说。2017年8月，杨雪峰在交通执勤过程中，查获一辆已达报废标准的无牌照摩托车，驾驶这辆摩托车的是位外地的老人。为确保安全，杨雪峰依法暂扣了老人的摩托车，按规定对该摩托车做出了强制报废的处理建议。

当得知老人生活拮据，杨雪峰为他买了返程大巴车票，并把老人送上返程客车，又将身上200多元现金全部掏出来塞到他手中，老人感动得热泪盈眶。

坚守

作为一名普普通通的交警，在杨雪峰21年的从警生涯中，有10年时间是在马路上站岗执勤。重庆市公安局渝北区分局局长罗红说，重庆一到夏天便骄阳似火，地面温度常常高达60多摄氏度，可杨雪峰总是像钉子一样钉在工作岗位上，每年夏天他都要被晒脱几层皮。一到冬天，空气潮湿，加上经常碰到阴雨连绵的天气，站在大街上又非常寒冷。但无论寒冬酷暑，还是刮风下雨，他从不叫苦叫累。

杨雪峰殉职后的一天下午，杨雪峰的父母来到儿子的单位石船镇公巡大队。走进略显简陋的宿舍，看着儿子曾经睡过的小床，60多岁的老母亲泪如雨下，她抱着儿子的枕头摸了又摸，亲了又亲，低声哭诉着:"幺儿,你好好休息哦,你好好休息……"

杨雪峰生前曾荣立个人三等功2次、获个人嘉奖7次,5次获评"优秀公务员"。"他总是把平安留给群众,把危险留给自己。"杨雪峰的战友、石船公巡大队民警潘亚军回忆说,"2014年6月的一天,一辆使用液化天然气的出租车在闹市区发生自燃。如果爆炸,后果不堪设想。正在附近的杨雪峰毫不犹豫,提起两个灭火器就冲了上去。"事后战友们问他:"你为什么这样拼?"他说:"我们穿着这身警服,遇到这种事别无选择。"

改编自陈国洲:《他用生命守护祥和》,新华网2018年8月24日报道。

王红旭：
他用生命托起了"师魂"

人物简介：

王红旭，男，汉族，1986年12月生，被追认为中共党员，生前系重庆市大渡口区育才小学体育教师。2021年获得"时代楷模"荣誉称号，2022年入选第十四届全国见义勇为英雄模范名单。

王红旭（中共大渡口区委宣传部 供图）

一、英雄篇——气壮山河

江水汹涌，两溺水小孩命悬一线。没有一丝犹豫，王红旭老师一口气狂奔百米，衣服未脱即跳入长江中救人。

在成功救起5岁女孩后，王红旭又拼尽余力成功托举起6岁男孩，自己却被江水冲走。生的希望留给了孩子，大渡口区育才小学教师王红旭年轻的生命，永远定格在了35岁。

朋友圈里，英雄救人视频瞬间刷屏；宝山堂悼念中心，市民自发前往吊唁；英雄出殡，数千群众伫立道路两旁为他送行，汽笛长鸣……

他留下狂奔百米救人的背影

2021年6月1日傍晚，长江，大渡口区万发码头附近。

这一段江面有一大片沙滩，夏日里总有许多市民喜欢来这里休闲，"六一"儿童节更是聚集了不少带着孩子玩沙戏水的市民，沙滩上处处欢声笑语。

傍晚，天色渐暗，69岁的王显才看了看手机上的时间，已是下午5点40分，他笑着招呼孙女和老伴打算回家吃饭。

"救命哇！救我的娃儿啊！"突然一声凄厉的惨叫，瞬间划破了沙滩上的嬉闹声。

众人惊愕的目光，下意识地望向声源之处——一位瘫软在沙滩上的年轻妈妈。突然有一道身影从百米之外，奔过一片草丛，狂奔冲向江边。

"太快了，我们完全还没搞清楚怎么回事，他就冲下去了。"当这道人影擦身而过时，领着孙子玩沙的另一名目击者王素芳，还下意识抓紧了孙子。

那道向着江心狂奔的背影,是35岁的王红旭留给众人最后的身影。

王红旭3岁的儿子团团发现父亲甩开了自己的小手,还来不及哭鼻子,就看到父亲已在百米之外。

在乱流最急处跳江救起第一个孩子

"噗通!"一声,江水飞溅。王红旭就这样在众人都没反应过来时,狂奔百米后,一头扎向了江中。

事后记者复盘现场时发现,王红旭跳入江中的位置,水情异常复杂。

卫星图测距显示,这段原本宽达750米的江面,在这里突然收窄到540米左右,形成了一个急剧收缩200米以上的"喇叭口"。

原本湍急的江水,在涌入突然收窄200米的"喇叭口"时,被对岸伸入江心的滩涂所阻,形成了一段反弓形乱流。

"快点救人哪!"随着王红旭入水掀起的巨大水花,岸边的众人才意识到事态严重,竟然有两个孩子同时被卷入江中。

王红旭入水后,就朝着最近的一个小女孩游去。

仅仅30秒后,紧随身后的朋友许林盛和市民张广荣等,裤脚都没卷起,便跟跟跄跄地向江心蹚去。

蹚入江水后,他们才发现这段江水的凶险之处:看似海滩一般无限延伸至江心的沙滩,居然在二三十米后就是一个落差不知多深的陡坎。

一、英雄篇——气壮山河

许林盛和张广荣义无反顾跟着王红旭入水救人。

哪怕是明显感受到巨大危险，但江滩上前一刻还在嬉闹的人群，竟然在不到2分钟内，组成了十几人、长达二三十米的"人链"。

组成这条震撼"人链"的市民，最浅的站在淹没小腿的江水中，站位最深的则仅剩一个头露出江面。

这条震撼"人链"最末端的那个"锚"，就是已经在江水中载浮载沉的王红旭。

"我是在一阵欢呼声中接过的那个小女孩。"许林盛红着眼回忆，当时王红旭在深水区，是双手托举着孩子一把推给了自己。

许林盛抱起孩子一回头，就被"人链"后面的人迅速接过去。岸边的人群中爆发出一阵欢呼声。

他将生的希望留给孩子

许林盛看到怀中大张着嘴的小女孩安全了，一扭头发现王红旭已经游向更远处的小男孩。

此刻许林盛发现因为刚刚用力过猛，加上湿透的衣服在水中的巨大阻力，让他有点吃不消。他迅速回到岸上将湿透的衣服、鞋子脱掉，转头又跳入江中。

"那段江流太乱了，我们往江心游，水流把我们往岸边推；我们往岸边游，水流又居然把我们往江心推！再大的力气，在那段江水中来回几次都要耗尽。"许林盛对水下的那一段过往心有余悸。

"他最后那一刻，如果不托举那一下，就肯定可以抬头向岸边靠拢，我们肯定可以抓住他，肯定可以抓住他啊……"许林盛距王红旭最近，将一切看得真真切切。

但对王红旭来说没有这个"如果"。

就在生死一刻，这个35岁的男人，用尽了最后一丝力气，将已经救到的男孩，托举着推向了那条"人链"。

"托举的那一刻，他明显已经体力不支了，因为江水已经完全淹没了他的鼻子，只有一双眼睛露在水面。"许林盛回忆。

"拉我一把！拉我一把！"这是王红旭下水连续救起两个孩子后，唯一的一次求助，也是最后一次。

然而，凶险莫测的湍流仍在将他往江心推去，加上最后那一次托举孩子带来的反推力，他一头栽进了滚滚江水之中，再也没有露头。

被"人链"传递到岸边的男孩已经全身僵硬、失去意识，现场一位女士立即扑过去按压孩子胸部进行急救，最终成功救醒这个孩子。

至此，两个溺水的孩子全部安全脱险。只是，救人的王红旭却消失在了江水中。

参与救人的"人链"久久没有解散，依然手拉手站立在江水中，向着长江大声呼喊着。岸上的人群则是一片寂静，不少人眼圈发红。大家都不愿意离去，希望看到王红旭重新出现在他们面前，期盼有奇迹发生。

3岁的团团站在江边，奶声奶气地喊着"爸爸、爸爸……"年幼的他，尚不清楚爸爸消失在江面上意味着什么。

20分钟后，大渡口刘家坝消防救援站、茄子溪街道办事处、重庆市公安局水上分局九渡口派出所、"120"急救等单位赶赴现场参与救援，当天一无所获。

一、英雄篇——气壮山河

6月2日下午4点左右，噩耗传来：经多方搜救，王红旭在事发水域附近被找到。

他牺牲了！

英雄离去恸山城

王红旭救人的一幕，在2021年6月1日当晚就通过现场诸多目击者所拍摄的视频、照片，出现在了重庆市民的手机中、朋友圈中，也冲击着这座城市所有善良的心灵。

时值"六一"儿童节，王红旭长江激流中连救两名孩子不幸牺牲的消息，感动了万千素不相识的重庆市民。

6月3日晚上8点，王红旭追悼会在大渡口宝山堂悼念中心举行。

因担心王红旭家属触景生情更加悲痛，此事并没有通知被救孩子的父母。但他们从网上得知此消息后，坚持要去拜祭王红旭，"我们一定要亲自感谢王老师的救命之恩，他走了，我们好难过，他也是一位3岁孩子的父亲，我们一定要来送送他……"

当天中午12:30，被救孩子的父母悲痛地相互搀扶走进尚未搭建完毕的王红旭灵堂，长跪不起，痛哭流涕，抽噎着诉说着内心深处的感激和悲痛。

除了王红旭生前的亲属、同事、学生、挚友外，更多的是与王红旭素昧平生的市民进入灵堂，在王红旭遗体、遗像前肃立、默哀。

"我很难过，以这样的方式认识你。"市民刘女士专门坐了1个多小时车前来悼念，她默默将一枝白花放在祈福厅外，"我的孩子也在读小学，谢谢你曾经守护他们。"

全面建成小康社会重庆奋斗者

"王老师,我们约定毕业后要跟您踢场球,这事大家心里都记着,您怎么就失约了呢?"如今正在读初三的学生李磊,来到追悼会现场,泪流满面地回忆,他还记得王红旭在学校绿茵场上矫健的身影。

6月4日一早,王红旭出殡。

"沉痛悼念王红旭老师,英雄一路走好!"大渡口区育才小学的校门口挂上了黑白标语,上千市民自发来到这里,站在道路两侧默默等待着送别英雄。

上午9点50分左右,在渝警骁骑的引导下,灵车从学校门口缓缓驶过,让王老师再看一眼工作了十几年的地方,看一眼他的学生和同事。

整齐的车队徐徐开来,路边守候的人们含泪一遍遍呼喊:"王老师,英雄!王老师,一路走好!一路走好!"

沿途的汽车也停驻让行,鸣笛致哀。

市民梅明从网上了解到王红旭的事迹,专程从单位请假过来表达哀思。

"这世上,没有从天而降的英雄,只有挺身而出的凡人。"梅明动情地说,"在重庆有很多像王红旭一样的平凡市民,在关键时候能挺身而出,以高尚的道德品质践行舍己为人、见义勇为的精神。"

6月5日,两位目击王红旭勇救落水儿童的市民,带着自己的伴侣、儿子、儿媳、孙女前往江边悼念。

"英雄,你一路走好!一路走好哇!"69岁的王显才一家五口手持白菊,用浓重的重庆口音,对着滚滚长江大声呼喊,话未说完泪长流。

当天目睹王红旭救人全过程后,王显才连续三晚都无法入睡:

一、英雄篇——气壮山河

"一闭上眼就是他用手托起落水孩子的画面。"

"多好的重庆崽儿啊！我专门带着我老婆、儿子、儿媳和孙女来看看他，他是真正的英雄！"王显才眼圈泛红，放下了手中的菊花，却望着江水久久不愿离去。

6月8日，近百名市民来到大渡口区慈善会，自发向王红旭老师儿子定向捐赠生活教育费用。

"千年渡口，凝望奔跑的方向，百米冲刺，笑对生死的考场……何惧恶浪，双手托举生命的希望……"几天以后有感于王红旭的感人事迹，重庆音乐人陈刚作词、周亚辉作曲，谱写了一首荡气回肠的歌曲《最后的课堂——致敬舍身勇救落水儿童的王红旭老师》。

英雄离去，英魂永存。

教育部追授王红旭老师"全国优秀教师"荣誉称号；王红旭入围2021年6月"中国好人榜"候选人；重庆市文明委追授王红旭为"重庆好人"；市委政法委授予王红旭市级"见义勇为先进个人"荣誉称号；市教委、市人力社保局追授王红旭"重庆市优秀教师"荣誉称号并号召全市教育系统向王红旭老师学习；市总工会授予他重庆五一劳动奖章。

记者查询发现，截至2021年6月18日9时，王红旭舍身救人的事迹，仅微博总阅读量已超过8.6亿，抖音总播放量已超6.4亿，相关话题连续多天占据热搜榜榜首。王红旭，一个挺身而出的平凡人的名字，已经从山城重庆传向了全国。

改编自陈波、崔曜、张莎：《他用生命托起了"师魂"》，《重庆日报》，2021年6月21日。

刘传健：
以生命的名义捍卫最高职责

人物简介：

刘传健，男，汉族，1972年11月生，中共党员，重庆市九龙坡区人，中国民航飞行学院总飞行师。2018年获得"中国民航英雄机长"荣誉称号，2019年获得"最美奋斗者""感动中国2018年度人物"等荣誉称号。

刘传健（中共重庆市委宣传部 供图）

一、英雄篇——气壮山河

2018年9月30日17时左右，四川航空"中国民航英雄机组"全体成员正等待着接受习近平总书记的会见。

站在人民大会堂福建厅门外的刘传健心里既兴奋又紧张。他抬起头来，看了看另外8名机组成员：在明亮的灯光下，他们也充满了期待和紧张。光荣的时刻，激动的心情。

大门轻轻地打开了。豁然开朗的一刹那，5月14日那个早晨，没有风挡玻璃的驾驶舱里，生死危急关头的那33分钟，在刘传健脑海中浮现、闪过。

"用百分之百的努力去对付万分之一的隐患"

"'机长'两个简单的字，所肩负的责任重如泰山，唯有经过千锤百炼才能铸成。作为一名机长，必须用百分之百的努力去对付万分之一的隐患。"当记者问起"机长"这个身份意味着什么时，刘传健说出了这句话，每个字都铿铿锵锵，让人马上联想到重锤敲打生铁的画面。

从重庆市九龙坡区农村走出的刘传健，几十年的人生经历，仿佛就是一锤一锤的敲打锻造过程。当年，空军飞行学员的招收条件十分严格，学员们无不是千里挑一，但即便如此，仍然有超过百分之七十的淘汰率，并且采取的是末位淘汰制。在这种环境下，刘传健养成了一刻不放松的习惯。顺利毕业成为空军飞行教员后，他又将这种好习惯以身作则地传递给学员。

2006年，刘传健从军队转业到四川航空，身份转变成一名民航飞行员。"以前飞的是战斗机，追求的是灵活机动；现在要飞民航客机，必须将安全摆在首位。两者的理念完全不同。"尽管已经

全面建成小康社会重庆奋斗者

当了11年的空军飞行教员,进入民航后,刘传健还是需要在很多方面完善、转变,需要从零开始,但不变的是他对自己百分之百的严格要求。

"民航是一个知识更新换代很快的行业,作为机长需要不断充电。"在刘传健卧室的案头,始终摆放着与航空相关的书籍,临睡前翻看学习,是他数十年如一日养成的习惯。若是碰上了与飞行相关的问题和疑惑,刘传健更是会展现出一股非弄清楚不可的劲头。

2018年5月14日早晨,坐在3U8633航班驾驶室里的刘传健曾给另一位机长蒋健发出一条信息,上面写着:"逃生绳长度:5.5米。"原来,前一天,两人同飞航班时讨论到高原飞行逃生绳的长度,谁都说不准。"我心里老是惦记着这件事,第二天上飞机就翻开手册查了查。"刘传健告诉记者,"贝壳,单个看过去似乎不怎么样,但是把它们串到一块儿,就会很美。对于飞行员来说也是这样,不起眼的基本功和基础知识,一点点积累起来就等于过硬的飞行技术。"

在刘传健看来,除了过硬的飞行技术之外,一名合格的机长还必须具备三项特质:"首先是严谨,机长的字典里不能有'随意'两个字,要用比规章和制度更严格的标准要求自己;其次是慎独,机长是一架航班上的绝对权力,这就要求机长在没有人监督的情况下,更要按照规章去做,不能疏忽;最后是担当,要把保障旅客的安全作为义不容辞的责任。"

严谨、慎独、担当——这三项特质已经深入到刘传健的骨髓里,延伸到了生活中。

即使是在休息时间,朋友们也很难约刘传健出来,因为他总是更愿意把这些时间用来锻炼身体,"不抽烟、不喝酒、不熬夜"是他在朋友圈里众所周知的标签。

一、英雄篇——气壮山河

"再坚持一下，再完美一点"

"后来在模拟机上对'5·14'事件进行了许多次模拟，每一次的结果都是坠机。大家都感到很震惊，问我当时究竟是如何做到的。现在想起来，其实就是做到了两件事：再坚持一下，再完美一点。"刘传健说。

近万米高空，每小时800公里的速度，挡风玻璃破裂的那一刹那，驾驶舱释压，副驾驶半个身子被吸出了窗外。强风和巨大的噪声袭来，整架飞机在剧烈地抖动，而刘传健的脸和耳膜同时经历着撕裂感。

"恐惧可能在我的意识中占据了两三秒，心里面喊着完了，完了。恢复清醒后，我发现操纵杆还能用，但是仪表大部分已经不能显示了。"在那一刻，刘传健仿佛回到了驾驶战斗机的时候，必须完全依靠手动操纵飞机备降。

飞机此时正处在青藏高原的边缘，底下崇山峻岭清晰可见，要把飞机飞出高原才能下降高度。这意味着飞机还要在7000米左右的高空停留一段时间，而刘传健必须在低温、缺氧的环境中坚持一段时间。

在后来的调查过程中，事件调查组判断，在当时的环境下坚持那么长时间，正常人势必失去意识。但刘传健却能将自己的每一个操作步骤完整而准确地还原，说明他在当时处在十分清醒的状态，令人不可思议。

"我想，靠的应该是顽强的意志力吧。"刘传健对记者说。看似简单的一句话，背后凝结着多少日积月累、持之以恒的努力。

当兵的时候，刘传健必须顶着北方早晨零下二三十摄氏度的严寒，身着短裤背心，跑一万米。在这种挑战生理极限的时刻，刘传健总是在心里不断地告诉自己：坚持一下，再坚持一下！"后来无论遇到再困难的事情，我都会这样自我暗示，意志力就是在这'再坚持一下'之中锻炼出来的。"刘传健说。

顽强的意志力让刘传健克服了极端艰险的驾驶舱环境，但是没有了仪表显示就没有了飞行参照，他面临着更严峻的困难。

5秒钟，是刘传健闭着眼睛从家里客厅的沙发走到卧室的时间，而这期间他能够不碰到任何物体。这里面没有什么秘诀，全靠着他的一次次实验。在几十年的飞行生涯中，刘传健也是靠着一点点积累、一遍遍琢磨、一次次总结，不断夯实着自己的基本功。

凭什么做到完美？记者想起了欧阳修那篇著名的《卖油翁》——"我亦无他，惟手熟尔。"

继续做一名平凡的飞行员

"经历了一场生与死之间的搏斗，觉得自己像生了一场大病，身体处在虚弱的状态。"而恐惧的梦魇也不知不觉地钻进了刘传健的意识深处，总在不经意间窜出来，让他的情绪不稳定，常常会突然感到低落、不安。记者也注意到，刘传健在采访过程中，聊起那惊心动魄的30多分钟时，声音带着轻微的颤抖。"每次回忆起'5·14'当天的情形时，心里其实是很不舒服的。"刘传健说。

"但是飞了二十几年，对飞行已经有感情了吧？"记者问。

"不是有感情，而是有很深的感情！所以，即使经历了极端的险情，我还是要继续我的飞行员生涯。"刘传健答道。

一、英雄篇——气壮山河

这半年里，刘传健把主要精力放在了三件事上：身体恢复、心理疏导和技术培训。而刘传健并不是一个人在与"创伤"战斗："一家人都在努力，他们理解、包容我的异常行为，我在家里恢复、学习的时候，他们大气不敢出，连2岁的女儿也不敢哭闹，生怕影响到我。"

"那么现在回过头去看，'5·14'事件对你意味着什么呢？"记者问。

"创造奇迹的不是一个人、一瞬间，而是一群人和一辈子。我只是完成了自己的职责。"刘传健回答。

这半年里，有陌生人给他发去短信，表达感谢与崇敬之情；邻居们惊喜地发现，原来英雄就在身边；其他航空公司的飞行员把他拉进微信群里，让他传授飞行经验……尽管刘传健并不觉得自己完成了多么伟大的使命，但是他很欣喜地看到事件所带来的正能量。"平时一点一滴的积累，对飞行基本功的锤炼，对飞行作风的养成，在关键时刻派上了用场，这让我很欣慰，希望能在行业里产生积极的影响。"

"希望你们继续努力，一个航班一个航班地盯，一个环节一个环节地抓，为实现民航强国目标、为实现中华民族伟大复兴再立新功。" 刘传健一字一句地向记者复述习近平总书记对他们的要求。

伟大出自平凡，英雄来自人民。2018年9月30日那个意义非凡的下午，站在总书记身旁的刘传健，更加坚定了继续做一名平凡飞行员的决心。

改编自刘韶滨：《以生命的名义捍卫最高职责》，《中国民航报》，2018年10月26日。

徐前凯：
一名共产党员的"简单"选择

人物简介：

　　徐前凯，男，汉族，1987年12月生，中共党员，中国铁路成都局集团有限公司重庆车务段荣昌站车站值班员。2019年获得全国见义勇为模范、"最美铁路人"等荣誉称号。

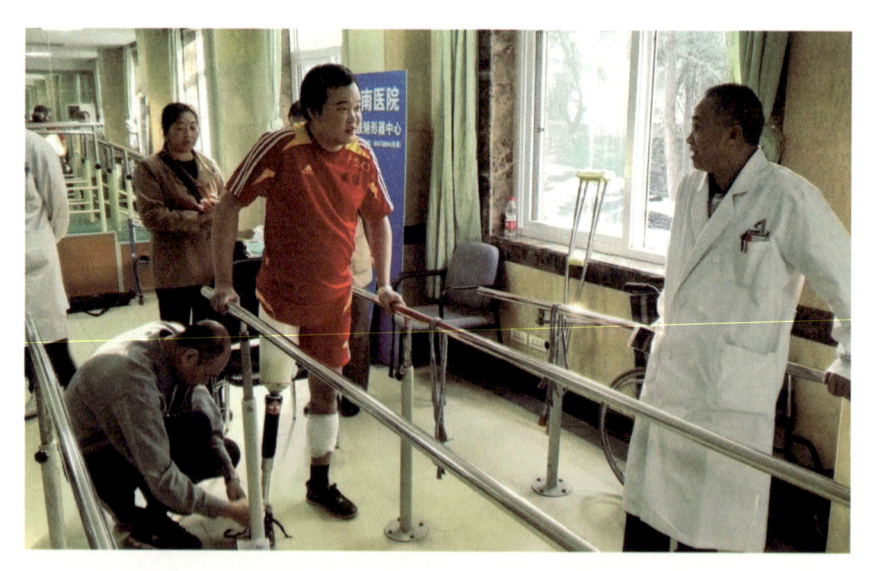

徐前凯手术之后在做康复训练（中共荣昌区委宣传部 供图）

一、英雄篇——气壮山河

2017年7月9日，荣昌区中医院住院部5楼的一间病房里，刚刚换完药的徐前凯面色苍白、满头大汗。对于自己3天前的举动，他只说了一句话——"来不及多想，救人！就这么简单。"

29岁的徐前凯是成都铁路局重庆车务段荣昌火车站的一名值班员。3天前，正在车站值班调车的他，不顾个人安危从急刹滑行的列车前跳下，救下一位横穿铁路的老人，而自己却永远失去了右腿。

"胜哥，胜哥，快过来，我遭了！"

2017年7月6日15时49分，荣昌火车站值班调度员李胜在对讲机里听到同事徐前凯的呼救，同一时间，火车站副站长柏英也听到了，他俩急忙赶往现场，看到了令人揪心的一幕：徐前凯躺倒在地，右腿膝盖以下被车轮轧断，鲜血直流。徐前凯痛苦地说，为了救旁边的这位婆婆，自己的右腿遭了。他们迅速拨打了"120"，10分钟后，荣昌区中医院的救护车赶到现场。

荣昌火车站站长李毅介绍，徐前凯是一名车站值班员。近日因为车站调车员调休，便临时顶了上去。当日15时49分，徐前凯正在车站进行调车作业，列车以11公里的时速进行货运车调度。徐前凯像往常一样，站在列车的前端瞭望，突然，铁道上窜出来一名老婆婆，就在火车前5米左右的地方。徐前凯立马按下紧急停车按钮。随即猛吹哨子提醒，见婆婆没有避让反应，又大声呼喊……可婆婆仍然没有听见。徐前凯危急时刻果断跳车，拉了老人一把没有拉出，又抱住老人腰部将其推出轨道，因右腿用力支撑来不及躲避被轧断。

现场监控显示：从徐前凯跳下车，到他将老人推开，整个过程仅仅5秒钟时间。生死攸关之际，徐前凯本来有机会跳出铁道保护自己，但他却并没有那样做，而是与死神赛跑，救出了老人。事后，徐前凯才得知，被救的老人姓蔡，耳背且腿脚不灵活，当时为抄近路横穿铁轨回家。

徐前凯和老人都被送入医院。经检查老人只有轻微擦伤，徐前凯则需要进行截肢手术。手术在当天下午进行，从右腿膝盖上方的位置截除。徐前凯的主治医生唐俊告诉记者，患者的右腿大腿是离断伤，只能进行高位截肢。

助人为乐成习惯

据了解，徐前凯2008年进入铁路系统，是一名共产党员。2016年3月由成都铁路局遵义车务段调入重庆车务段荣昌火车站，任车站值班员，后担任工班长。由于工作成绩突出，2017年荣获重庆车务段优秀共产党员称号。徐前凯的父亲徐荣贵说，徐前凯2005年参军，退伍后在遵义车务段当一名调车员。"他在部队、单位一直都表现比较优秀，这次去救人也不令人意外。只是他还年轻，也没有结婚，让人心疼……"

时任遵义车务段盘脚营站站长的谭维明告诉记者，徐前凯非常优秀，始终以共产党员的标准严格要求自己，充分发挥共产党员扶危济困的精神。在盘脚营站任职期间，他以站为家，经常利用休息时间主动清扫站区道岔、打扫车站院坝卫生。"印象最为深刻的是

一、英雄篇——气壮山河

2013年7月，工友程亮需照顾待产在家的妻子，他主动无偿地利用休班时间给程亮顶了整整30天的班。这实在不容易呀！"

谭维明还说，徐前凯在工作上认真负责，严格执行作业标准，防止了不少意外事故。2012年6月的一天，盘脚营站Ⅰ道货车通过，正在接车的徐前凯发现70米开外处有一老人突然横穿轨道。眼见呼啸的列车即将撞上老人，徐前凯立即呼叫机车乘务员紧急停车，列车降速后与老人擦身而过，大家都吓出了一身冷汗。

遵义车务段党办主任雷莉波告诉记者，徐前凯勤奋好学，2008年参加工作后，先后多次荣获全段"安全生产标兵"荣誉称号。他还积极参加各种比赛，2012年获得全段"非正常情况下接发列车比赛"助理值班员类第二名，2013、2014年连续两年获得全段"非正常情况下接发列车比赛"助理值班员类第一名，2015年获得全段"非正常情况下接发列车比赛"值班员类第二名。2015年，徐前凯被局关工委、局团委评为"优秀青年复退军人"。

遵义车务段小寨坝站信号员周艺告诉记者，徐前凯团结同事、乐于助人，谁家有事总是第一时间站出来帮忙。"记得有一次来自内江的工友陈建林突发疾病，徐前凯得知后叫上同事将他送往息烽县医院，并在医院照顾了他一个通宵。"周艺回忆说，"此外，他还特别有孝心，心中总是牵挂着家中父母，休班时间较长的时候，总是不辞辛苦在重庆和息烽间来回奔波。8年岁月，他用实际行动赢得了同事们的一致好评。"

"徐前凯很优秀，他的优秀是方方面面的。"重庆车务段荣昌站站长李毅告诉记者。

李毅介绍，徐前凯工作积极主动，待人接物谦让有礼，深得干部职工好评。2016年被评为全段季度"四优"共产党员，2017年

全面建成小康社会重庆奋斗者

春运时被评为全段优秀共产党员。

"他刻苦钻研业务本领，熟练掌握岗位技能，主动学习铁路行车各工种新知识新技术，积极参加技能竞赛并屡获佳绩，给我留下了深刻的印象。"李毅说，"工作上他认真负责、踏实勤恳，严格执行作业标准，积极为车站工作建言献策，在车站职工休班、休假之时多次主动要求顶班顶岗，任劳任怨，曾多次获得全段'安全生产标兵'荣誉称号。生活中他待人谦和、乐于助人，在单位是职工的好同事，在家中是父母的好儿子。"

荣昌站副站长柏英表示："舍身救人的事情不是徐前凯一时兴起而做的，因为这符合他平时做人做事的价值取向。"

改编自王亚同：《共产党员徐前凯的"简单"选择》，《重庆日报》，2017年7月10日。

二、奋斗篇

——脱贫攻坚

毛相林：
"我愿当一辈子筑路人"

人物简介：

　　毛相林，男，汉族，1959年1月生，中共党员，重庆市巫山县竹贤乡下庄村党支部书记、村委会主任。2020年获得"时代楷模"荣誉称号，2021年获得全国脱贫攻坚楷模、全国优秀共产党员、"感动中国2020年度人物"等荣誉称号。

毛相林被评为全国脱贫攻坚楷模（谢智强 摄）

壁立千仞，群山合围。翻几座大山，盘过108道"之"字拐，重庆市巫山县下庄村便映入眼帘。这里地处巫山深处，如"深井"一般，"井底"缓坡上，小楼星罗棋布，大片柑橘林连绵起伏。

毛相林是下庄村村委会主任，也是老村支书，当地人称他当代"愚公"。

成为"愚公"，是被穷逼出来的。"锁"在深山里的下庄村，以前是巫山县最穷的地方。村民外出只能徒步翻过绝壁，到县城得花两天时间。

不能让大山"困"住下庄！更不能让路困住手脚！

"要自己动手，劈山开路！"

"下庄像口井，井有万丈深。"小时候，毛相林就常听长辈们念叨。坐"井"观天，村民们有时也开玩笑说要修路，可没人敢下决心。

直到1997年的一天，38岁的毛相林去县里开会，发现邻村村民家里有电视机，还有车子来收购蔬菜。"没想到山里还能这么生活！"回到村里，毛相林马上召集村民们商量修路的事。

"你看这山，鸟都飞不过去。""钱从哪里来？""要不搬出去算了？"

大伙你一句我一句。村里有几百亩地，乡亲们不想离开世世代代居住的土地，可想到修路之难心里不禁打怵。

"不能坐等，要自己动手，劈山开路！"毛相林给村民们算了一笔账：公路预计七八公里，计划20年修完，每天修1米即可，全村将近400人，只要一起努力，修路是可行的。

在村民大会上他给大家鼓劲："山凿一尺宽一尺，路修一丈长一丈。这辈人修不出路来，下辈人接着修，抠也要抠出一条路来！"会上，毛相林带头签下了一份"生死状"，誓言"路不通，不罢休"。

男女老少齐上阵，冬去春来都不停。大家用最原始的办法，一块块石头凿。绝壁上，一个个"空中飞人"绑着绳索凿开炮眼、放上炸药……鞋子磨破就赤脚，夜里不便回家就住山洞。

可是，坏消息还是传来了。村民黄会元被巨石砸中，滚落下山，悲痛万分的毛相林一度动摇了修路的决心……此时，黄会元的父亲站出来说："为了子孙后代，我儿子死得光荣！继续修！"顿时，大家齐刷刷地举手，擦掉眼泪，继续走向工地……

终于，2004年春天，一条"玉带"出现在山腰上，下庄人终于打通康庄大道！

从1997年开始，"愚公"毛相林带领乡亲们"移山"，用了整整7年时间，在绝壁上凿出了一条"天路"。

路通了，产业也活了。在毛相林带动下，乡亲们种起了脐橙等水果，还开始发展生态旅游。

2015年，曾经最穷的下庄村在全县率先实现整村脱贫。2019年，村民人均收入达12670元，是修路前的40倍。

"失败了不要紧，继续干！"

路修通了，村民外出方便多了，当天就能往返县城。不少村民开始外出务工，赚钱补贴家用。

不过，村里没有产业，只能自给自足，村民依然贫困。"修好路，还要发展产业，打开财路！"毛相林又一次站出来，带领村民继续"折腾"。

2009年，毛相林看到其他村发展蚕桑赚了钱，便号召村民种桑树养蚕。没想到，100多亩桑树欣欣向荣，30多张蚕子却死气沉沉。原来，下庄村海拔高、气温低，不适合养蚕。

"毛矮子蛮干，就知道瞎搞！"失败后，村民们意见很大。毛相林也很失落，在村民大会作检讨。

"老毛心还是好的嘛，只是急了点。哪个能一次就搞成功的？共产党员还怕这个？"会上，老党员杨元玖鼓励毛相林，也平息了大伙的议论。

山里人，脾气倔。失败反而激发了毛相林的韧劲："失败了不要紧，继续干！"

第二年，毛相林在县城吃到一种西瓜，觉得特别香甜。他又动心了，想种植西瓜。不过，这次他精明了，先请教农技人员，自己试种两分地。

可喜的是，种西瓜，毛相林成功了。他把西瓜分给村民们吃，还卖到县城，赚了一笔钱。在毛相林带动下，下庄村终于有了第一个像样的产业。2011年，村里西瓜种植面积达200亩。

村民们信心大增，毛相林乘势而上。2014年，他邀请市县农业专家深入考察分析，确定发展柑橘、桃、西瓜三大产业。

在毛相林带领下，下庄村终于打通了脱贫致富路——650亩柑橘套种西瓜、南瓜，150亩桃园套种西瓜。村民刘恒保种了10亩柑

二、奋斗篇——脱贫攻坚

橘，2015年初挂果就收入2万多元。"光靠游客开着小车来采摘，就卖完了，都不用出门嘞。"刘恒保说，"明年柑橘进入盛产期，收入还要翻番。"

"讲述修路历程，激励更多人！"

公路通了，腰包鼓了，已年过六旬的毛相林依旧闲不下来。他在琢磨，怎么能让村里在外的年轻人回到家乡，振兴乡村。

29岁的毛连长曾在外种西瓜、跑销售。2016年春节回家，毛相林上门找他："连长，留在村里吧，下庄村需要你们年轻人。"

看着毛相林满头白发，毛连长又回忆起当年修路的场景。看着村里产业蒸蒸日上，他动心了，选择留下，还说服女朋友也回来，准备发展民宿，搞直播带货。

这两年，返乡村民越来越多。200多名外出务工村民中，已有100多人选择回来，振兴家乡。

2018年，毛相林提议，建一个全村的事迹陈列室，记录下庄人修路的故事："讲述修路历程，激励更多人！"

在乡党委、政府支持下，下庄人事迹陈列室于2019年落成。毛相林自告奋勇，当起讲解员。

在村口的下庄人事迹陈列室里，常常可见到毛相林的身影。他在为一批又一批的外地游客讲述当年的奋斗故事。

"这是我们当年修路时穿的鞋子，已经磨穿了……"毛相林说。这样的话，毛相林不知讲过多少遍，但每次都充满感情。

看着一拨拨年轻人来来去去,毛相林感慨万千:"我愿当一辈子筑路人!"

改编自王斌来、刘新吾:《毛相林:"我愿当一辈子筑路人"》,《人民日报》,2020年11月17日。

熊尚兵：
"我的事业全在齐圣村"

人物简介：

  熊尚兵，男，汉族，1963年8月生，中共党员，重庆市开州区长沙镇齐圣村党委书记。2017年获得全国农业劳动模范荣誉称号，2021年获得全国脱贫攻坚先进个人、第六批全国岗位学雷锋标兵等荣誉称号。

熊尚兵（郑宇 摄）

"发家致富,你现在落我们后面了,分你几个工程做吧。"这几年,常有朋友找上门来邀约熊尚兵再次合作工程。

面对好意,熊尚兵却总是婉拒:"忙不过来,我的事业全在齐圣村。"

齐圣村,位于重庆市开州区长沙镇。担任村党委书记的熊尚兵,原本是个生意人,20世纪80年代就已经是远近闻名的"万元户"。

在外闯荡20多年以后,熊尚兵在2003年回到老家。他发现,村子还是那个村子,这么多年没变化,时光似乎在这里静止了。乡亲们希望他留下来,带着大伙儿脱贫致富。

"2004年的齐圣村,几乎是全镇最差的村。路,一条像样的都没有;田,用乡亲们的话说,'蓑衣盖住是一块、斗笠盖住是一块'。出行难、饮水难、用电难,好多村民还住在危房里。"熊尚兵回忆。

看到乡亲们生活这么艰苦,思前想后,熊尚兵接过了这个担子。

修路让脱贫致富驶入快车道

"七条沟、八道梁,高坡土地不产粮;开门就见山,种田走半天,上学路太远,就医更困难……"熊尚兵告诉记者,这是齐圣村当年的真实写照。外出20年后再回到村里,这一切依旧没有变化。抱着回报家乡的想法,他放下外面的生意回到村里,在2004年村级换届中,当选为村支书。

2004年的齐圣村,是开州区长沙镇贫困发生率最高、基础条件最差的村。全村3500多人中,有1000多人是贫困人口,90%以上的青壮年劳动力外出打工。全村群众出行难、饮水难、用电难，很多群众居住在条件恶劣的危房中。

要想富，先修路。在熊尚兵看来，村里要发展，必须先完善基础设施建设。可摆在这个贫困村面前始终有一个绕不过去的难题——没钱。国家拨款有限，熊尚兵一咬牙，拿出了自己的38万元积蓄投入到修路中。

为了节约资金、保证质量，熊尚兵奔波在工地上，成了监工、审计和采购员。很快，村级公路修通了。这条12公里的"丝带"蜿蜒在齐圣村，改变了村民的生活。

"以往到镇上赶场，一早出门，天黑才能回家。"村民谭培贵摇头说，要是遇见下雨天，泥泞的乡村小路根本无法下脚。那时，一条蜿蜒曲折的山路是他们与外界相连的唯一渠道，所有生产生活物资都靠人背马驮。修通公路是这个村里几代人的梦想。

对村民来说，通路的最大好处就是农产品好卖了，水果商贩愿意上门收购了。

特色种植业成乡村旅游摇篮

交通解决后，如何让村里人富起来？熊尚兵又开始四处考察增收项目。

齐圣村以山地为主，海拔200—1000多米，呈立体分布结构。村里传统产业是柑橘，但由于没统一管理，经济效益不理想。多数劳动力外出务工，齐圣村土地闲置严重。

怎样把村里闲置的土地变废为宝？熊尚兵多方考察后决定，发展红心猕猴桃产业。

原本就贫困的村民，要拿出所有积蓄发展特色种植，让许多人打起了退堂鼓。为了提高村民的积极性和信心，熊尚兵首先从自家做起。发展红心猕猴桃缺资金，他又拿出在外经商的积蓄，购买苗木、流转土地，随后又引入农业公司，提供技术和种苗支持。

渐渐步入正轨的红心猕猴桃产业打消了村民的顾虑，原本还在观望的人，陆续相信了熊尚兵。为了将风险最小化，熊尚兵决定带领村民抱团发展，成立了猕猴桃种植合作社。

几年来，齐圣村红心猕猴桃产业像滚雪球一样，越滚越大，越做越强。2019年，村里种植红心猕猴桃面积1730亩，带动合作社农户年人均增收3326元。村里发展有奔头，外出打工的三四百人又都回到了村里。

到2019年，越做越有信心的齐圣村，根据市场需要和自身条件发展经济，累计减少贫困人口994人。全村还发展优质柑橘2300亩、优质蓝莓100亩、菊花500亩、杂水果500亩四大生态产业，发展乡村旅游，修建齐圣庄园，打造3个乡村旅游接待中心。2018年接待游客3万多人次，实现旅游收入300多万元。全村硬化公路35公里，整治公路22.6公里，油化公路15公里，实现社社通硬化公路。曾经的贫困村如今仅乡村旅游每年收入就超百万元，齐圣村由此获评全国休闲农业与乡村旅游示范点。

"配股到户"不落下一个贫困户

产业发展起来了，怎样让全村群众，特别是贫困群众分享到产

二、奋斗篇——脱贫攻坚

业发展带来的红利？熊尚兵与大家商量后决定，按照"让农民土地变资产、让财政资金变股金、让贫困人口变股东"的思路，采取"参股入社、配股到户、按股分红、脱贫转股"的方式，通过"规模种植、土地入股、保底分红、返聘务工"等增加群众收入。

60多岁的谭培友，大半辈子都在种庄稼，年毛收入最多时不过万元。作为村里的贫困户，谭培友是第一批参股加入合作社的村民之一。如今，谭培友给记者算了一笔账，土地租金、入股分红，加上和老伴一起的打工收入，他家2018年总收入近6万元。

入股村民每家都成了老板，赚了钱。如今，越来越多的"谭培友们"尝到了甜头，全村62户贫困户245人都在红心猕猴桃专业合作社和柑橘专业合作社有股份。

农户变股东，这一创新的扶贫模式可将贫困户从传统生产方式中解放出来，按照持有股份获得稳定的股份收益。熊尚兵告诉记者，通过与农村电商和实体经销商对接的方式，合作社2018年卖出了10万斤猕猴桃，产品远销北京、上海、广东等地，整个合作社收益200余万元，贫困户户均分红7000多元。

熊尚兵说，通过多元化、立体式产业发展，如今的齐圣村已成为了"产业工厂"，各个合作社成为"生产车间"，群众成为"产业工人"和"产业主人"，既在助推产业发展中获得工资报酬，又在产业入股中分享产业红利，村民共享产业成果。2018年，全村产业户均分红达5000元以上。

改编自陈维灯：《"我的事业全在齐圣村"》，《重庆日报》，2019年3月21日。

王贞六：
要让乡亲们都尝到养蜂的"甜头"

人物简介：

王贞六，男，汉族，1950年10月生，群众，重庆市黔江区黑溪镇胜地社区村民。2021年获得全国脱贫攻坚先进个人荣誉称号。

王贞六和妻子将准备出售的蜂蜜灌入瓶中（杨敏 摄）

二、奋斗篇——脱贫攻坚

仲夏的清晨,太阳刚刚爬上树梢,远山还被云雾笼罩,黑溪镇胜地社区的中蜂已在四处觅花了。田间、林下、屋旁,到处是蜜蜂的"嗡嗡"声。

"这几年,有贞六哥给我们传技术、找销路,很多像我这样的脱贫户都靠着养蜂,钱包包鼓起来了!"近日,胜地社区脱贫户黄宽寿对王贞六伸出大拇指。

作为全国脱贫攻坚先进个人的王贞六,年过六旬时苦学养蜂技术。通过屡败屡战,他不仅自己先富起来,还带动黑溪镇及周边乡镇上百户农户发展起中蜂产业。

端着蜂蜜水,年逾七旬的王贞六在甜蜜的香气里回忆起了自己在养蜂路上的故事:"脱贫攻坚让我家过上好日子。自己从'苦瓜水'里出来后,还希望乡亲们一起致富,我心里才踏实!"

花甲老人重寻致富路

"这段时间雨水多,要注意保持蜂箱干燥,蜂子才能顺顺当当繁殖……"这天早上"中蜂大王"王贞六以自家蜂群作"教材",给几名养蜂的村民介绍养殖技术。

70多岁的王贞六,头发花白,精神矍铄,讲起养蜂要点来,滔滔不绝。

"选哪种防虫防病药物对蜜蜂危害小?""取蜜时是哪种天气最好?""怎样观察蜂蛹长势?"乡亲们针对养蜂中产生的疑惑问个不停,王贞六则是知无不言,言无不尽。

"我也是摸索过来的,所以希望大家能尽量少走弯路。"王贞六说。

20世纪90年代，退伍后的王贞六跟着施工队转战渝湘贵三省，收入稳定而丰厚。2006年，因年龄偏大，56岁的王贞六丢了在工程队的工作回到老家。

老伴有慢性病，基本没有劳动力，大儿子残疾——一家的生活重担就压在了王贞六一个人身上。

王贞六曾尝试过养鸡、种粮、种果树，但因投入的劳动力较多，无法兼顾家庭，都没做成稳定的收入来源。2014年，他家被评为建档立卡贫困户。

"虽然贫困户有政府支持，但我心里就不服这口气！"王贞六说，"我相信肯定有办法'摘帽'！"

屡败屡战苦学养蜂知识

一次回家时，他无意中发现家里来了群蜜蜂，于是饶有兴致地观察蜜蜂的发展。

2014年冬天，镇里分管扶贫的副镇长张孝华来看望他，问他在发展产业方面有啥打算。

"我想养蜂子！"王贞六斩钉截铁地回答。王贞六弄来了一群"野蜂子"在家中的空木箱中落脚。他饶有兴致地观察蜜蜂的发展，并认为这项产业所需劳动强度不大，"钱景"也不错。

不过，王贞六也觉得自己底气不足："我没掌握技术，自己来的野蜂子产蜜没个定数，收入不稳定。"

2015年春，王贞六接到张孝华电话："区里有个养蜂培训班，是市里的专家来讲课。"

王贞六立即报了名。作为年纪最大的学员之一,每次上课他抢着坐在第一排中间,戴着老花镜认真记笔记。"我当时65岁了,耳朵有点背,眼睛也不行,记忆力也差,不认真怎么学得到知识?"

学习是为了实践。觉得自己"入门"了,王贞六赶着当年中蜂春繁,把原有的两个圆桶改成了新式的方箱,并新买了6桶蜜蜂,雄心勃勃地要扩大产业。

没想到,因为没有及时根据天气变化增减巢脾,8桶蜂只剩下了1桶。

王贞六后悔不已,却没有失去信心。这年秋天,他趁着秋繁准备再买几桶中蜂。不过,家里没钱了。王贞六准备卖掉妻子养的大肥猪,重买新蜂群。

"如果又失败了,明年看病的钱、买盐的钱从哪里来?"妻子罗启碧当即反对他再"折腾"。

经过反复做妻子的工作,王贞六才让妻子松了口。他将卖肥猪得到的5000元,换回8桶中蜂。

满怀期待的王贞六,却因为没有及时发现幼蜂病症并采取措施,9桶中蜂几乎全军覆没。

"一般人遇到两次失败,可能也就退缩了。"黔江区扶贫办负责人说,"但老王就是有股不服输的劲头,依然准备'东山再起'。"

王贞六找到办培训班的养蜂专家,想买书认真研究。但跑遍了黔江、酉阳和彭水,他都没找到这本书。于是他借来这本900多页的书,逐页复印,光复印费就花了几百元。

"别看他是60多岁的老头,看书攒劲得很!"老伴罗启碧笑说,"开饭前反复催他几遍,等大家吃完饭,菜都凉透了,他还捧着书读。读完了，跑到蜂箱前去看看，又跑回来接着看书。"经过一年多的学习，复印书被王贞六翻得卷起毛边，具体到哪一页有啥内容，一清二楚。从中蜂繁殖到摇蜜采收全过程的技术要点，都被王贞六记在了心里。

2016年春，王贞六再次借钱买了4桶中蜂，经过春繁、秋繁，年终有了8桶，为他带来8000多元的收入。

有了收入，王贞六立即花1800元买了部能上网的智能手机，戴着老花镜在网上向培训班老师和黔江的养蜂能手咨询技术。

2017年，王贞六获得了10万元的政府贴息贷款，一口气买进了60桶中蜂，当年就发展到220桶，成为胜地社区最大的养蜂户，年收入20多万元。这年，他不仅还完借款，还摘掉了"贫困帽"。

免费送蜂群带动乡亲一起干

富起来的王贞六在激动之余，也有"心事"。他和妻子商量："政府作担保才让我们贷到款，还不要利息，这个恩情比天大！我们怎么才能回报呢？"

2017年春天，经过反复思考后，他决定向当时有养蜂意愿的贫困户送蜂群。发现不少贫困户有发展的意愿，却担心养蜂失败，王贞六又承诺建立担子坪中蜂养殖合作社，向他们传授技术、寻找销路。2017年5月，王贞六向胜地社区的27户贫困户无偿赠送了35桶中蜂。

71岁的黄宽寿曾因病致贫，从王贞六家领回1桶中蜂后，他精心照料，有问题找王贞六咨询。对于复杂的养蜂问题，王贞六还常送技术上门。2018年，黄宽寿顺利脱了贫。

2020年初，王贞六又牵头成立了重庆市黔江区蜜蜂产业协会，发展了105个会员。会员除黔江区内的养蜂人外，还有不少来自周边石柱、彭水以及湖北咸丰的蜂农；加入的蜂群已达四五百群，带动的农户更多了。

"党和政府的扶贫政策帮我走上致富路。带动乡亲们养蜂增收，是我回报党和政府恩情的最好方式！"王贞六说，"看到大家一起从'苦瓜水'迈进'蜂蜜罐'，心里当真就像喝了蜂蜜水一样甜！"

改编自罗芸：《带领乡亲发展甜蜜事业》，《重庆日报》，2021年5月14日。

杨云刚：
勤劳养蜂　甜蜜致富

人物简介：

　　杨云刚，男，汉族，1966年9月生，群众，重庆市北碚区印光蜜蜂养殖专业合作社负责人。2021年获得全国脱贫攻坚先进个人荣誉称号。

"全副武装"的杨云刚正在检查蜜蜂蜂箱（明俊雄　摄）

二、奋斗篇——脱贫攻坚

2020年4月24日,北碚区金刀峡镇小华蓥村青山沟组,一整天的降雨后,天终于放晴,气温也迅速回升。

身穿迷彩服、头戴网纱帽的杨云刚"全副武装",在一旁同样戴着网纱帽的妻子经本芬的帮助下,小心翼翼地从蜂箱里抽出其中一个巢框,一边仔细观察,一边对重庆日报记者说:"看,最近蜂子长得不错。"看着巢框上爬满的蜜蜂,蜜区里挂满的蜂蜜,杨云刚咧了咧嘴,脸上的笑容映着金色的阳光显得格外灿烂。

养蜂160箱,年收入30多万元,不仅靠养蜂脱了贫还成了村里的养蜂带头人,杨云刚怎能不开心。

他说,一开始养蜂是迫于无奈。十几年前,杨云刚在矿场打工时发生意外,导致左腿腿骨断裂,落下了残疾,从此再也干不了重活,还花光了家中所有积蓄,孩子又还在上学,一家人生活举步维艰。"那时穷得稀饭都吃不起,现在都不敢回想。"杨云刚回忆道。

转机出现在2013年。那时,杨云刚身体状况有了好转,在村干部的鼓励下,夫妻俩决定养蜂脱贫,东拼西凑5万元购买了50箱蜂。

"养蜂活不重,适合我们。"经本芬说,为了养好蜂,两人没少下功夫,其间不知被蜜蜂蜇过多少次,大夏天也得穿得严严实实,经常热得头晕。尽管辛苦,两人却满怀希望。

可因为技术不够成熟,管理不到位,夫妻俩的养蜂事业当年便遭遇了失败。心灰意冷之下,两人产生了放弃的念头,认为自己"这辈子都爬不起来了"。

就在此时,北碚区残联得知了这个消息,主动联系杨云刚,鼓励他认真总结经验教训再试一次,并资助了他一笔资金。

"政府这么关心我们,我们自己还是要争口气!"经本芬说,没多久两人就重整旗鼓,再次开始养蜂。

全面建成小康社会重庆奋斗者

总结教训、加强技术学习后,两人养蜂越来越得心应手,规模也不断扩大,2015年终于实现脱贫。

夫妻俩始终心怀感恩。近两年,他们在壮大自家产业的同时,还帮助当地5个残疾人一起养蜂,免费教授他们养殖技术。其中,因江智平完全丧失劳动力,夫妻俩还免费帮他代养了10桶。

"我们也穷过,能帮一把就帮一把,反正我自己也有那么多要管理,顺手的事。"经本芬说,如今这5名残疾人共养蜂70箱,人均收入2万到3万元,相继脱贫。

小华蓥村第一书记罗也介绍,杨云刚养蜂致富的事影响了村上许多人。2020年,全村已有30户人养蜂,养殖规模超过300箱,总收入达到40多万元,养蜂业也成了村上第二大支柱产业。

"我们村蜜源丰富,产出的蜂蜜品质好,根本不愁卖。"罗也说。2019年市残联又给了杨云刚的合作社11.5万元的资金支持,鼓励他用这笔资金带动更多困难群众勤劳养蜂,甜蜜致富。

重庆日报记者了解到,不仅仅是养蜂,近年来,小华蓥村还因地制宜发展了400亩樱桃、100亩百香果,以及血橙、青脆李等特色林果产业,水果产业总产值超过100万元。

就樱桃产业而言,该产业已成小华蓥村的第一大支柱产业。2020年4月15日,该村还举办了樱桃采摘活动,金刀峡镇党委书记胡光耀客串"主播",大力推销村里的樱桃、蜂蜜、土鸡等产品,半天就帮村民外销樱桃近5000斤。

截至2019年底,小华蓥村贫困人口人均纯收入为5000元,所有贫困户全部实现脱贫,村集体经济收入达到15万元左右。

改编自栗园园:《勤劳养蜂 甜蜜致富》,《重庆日报》,2020年5月3日。

付体碧：
"只要肯干，就有活路！"

人物简介：

付体碧，女，汉族，1978年11月生，群众，重庆市丰都县十直镇秦榜沟村村民。2020年获得全国"三八红旗手"荣誉称号，2021年获得全国脱贫攻坚先进个人荣誉称号。

领奖台上的付体碧（张锦辉 摄）

付体碧是丰都县十直镇秦榜沟村的村民，曾经是贫困户。近年来，作为家中顶梁柱的她，通过养牛实现了人生的逆风翻盘，年收入达10万余元。

人穷志不穷

2020年10月16日，当记者采访她时，说起以前家里的贫困时，付体碧数度哽咽："这人啊，有时候就是运气背。"

付体碧小时候，因家里穷，母亲丢下他们三姐弟"跑"了。长大后，她嫁到重庆丰都县十直镇秦榜沟村，日子过得也是紧紧巴巴。

2003年，5岁的女儿得了脑膜炎，两口子到处借钱，好不容易把孩子医好，又欠下了几千元账。

人运气背时，祸事一桩连一桩。为了还账，丈夫蒋仕文2004年去成都打工，不料上班没几天，他的右手就被机器轧得稀巴烂。"当时接到电话我脚杆都软了！"付体碧回忆道。

丈夫成了二级残疾，赔偿款仅两万元钱。两口子计划用这笔钱来修补漏雨的屋顶，哪料到，工人从屋顶摔下来腿脚骨折，赔偿款转手就成了工人的医药费。更让人无法接受的是，孩子的爷爷又接着出了车祸，医院还下了病危通知书……

"祸事一件接一件，我倒在屋头几天几夜，水米不进，那眼泪水就一直流。但这一家老小，都指望着我的，日子还要过啊！"提起伤心事，付体碧几度哽咽，捞起上衣的下摆狠狠擦眼泪。

一件接一件的祸事让付体碧感到绝望，但想到一家老小还指望着自己，消沉了几天后，她又强自振作起来，给自己打气："只要肯干，就有活路！"

此后，付体碧把别人不种的田地都要来种，还凑钱买了两头猪来喂。她的丈夫虽然只剩下左手，也起早摸黑跟她一起拼命干。

尽管拼命种庄稼，却也只能喂饱肚子，填不满钱包。2014年，付体碧一家成了建档立卡贫困户，墙上挂了贫困户的牌子。

当地扶贫干部回忆，想当初环顾付体碧家，破屋子漏雨又透风，简直是家徒四壁。为此，村镇干部帮助她家修整了厕所和厨房，架起了水管，为孩子办了助学贷款，为一家人办了医保。

养牛摘了"贫困帽"

"我一个女人家，要撑起恁个大个家，好难喏！"付体碧说，就在自己苦苦支撑的时候，县领导和镇村干部上门仔细询问了她家中的情况，给她指明了脱贫的路子。

丰都县是远近闻名的肉牛之乡，彼时，该县正在动员全县兴建养殖小区。村镇干部看到付体碧两口子做事"肯下力气肯吃苦"，就决心支持付体碧养牛，为此专门腾退集体土地0.6亩，让她建设养殖小区。

在扶贫干部的帮助下，付体碧贷款3万元，买了6头牛，希望借此脱贫致富。但因为文化有限，养牛这条路对她来说并不容易。

那时村干部组织夫妻俩参加养殖培训，别人拿本子记笔记，她和丈夫不会写字，只能瞪着眼睛"傻看"。"不识字，只有拼命用脑壳记，后来实在怕记不住，就在本子上画符号。"她说，符号代表啥，别人根本不晓得，只有她自己知道。

学成归来后，她很快投入到养牛事业中。每个月，两口子都要去县里拉回四五吨草料，那时家门口的路没修通，草料只有卸在主公路上，再靠人挑到牛棚。"一扁担挑百十来斤，往返一趟五六百米，有时候担心草料淋了雨会发霉，我们气都不敢歇一口，一连挑两天。"付体碧说。

看到付体碧面临的困难，村镇干部们又带着施工队帮她修牛圈、搭牛棚、修马路、修化粪池。"有人帮我们这些贫困户，我们自己就更加要使力干。我一天就琢磨怎么把牛喂好，喂壮实！"慢慢地，付体碧成了养牛的行家。

2015年，付体碧卖出第一批肉牛，净赚了6000多元，次年脱了贫，2018年，家里养牛规模达到30多头，年收入10万元。2019年，付体碧荣获重庆市脱贫攻坚工作先进个人称号。

带乡亲一起致富

"我们的日子越过越红火，现在家里有肉牛30多头，生猪20多头，山羊10多只，鸡鸭100多只，每年还要收苞谷、水稻、榨菜将近4万斤！"付体碧说，现在总算是苦尽甘来，不愁吃也不愁穿了。

这么多牲畜和庄稼，两口子是怎么照料好的呢？付体碧笑了笑，说"秘诀"就是勤快、肯干。

为了把产业发展好，稳定增收，两人的确下了"牛"劲：重庆的夏天酷热难耐，玉米挂在枝头等人收割，夫妻俩就在傍晚7点太阳完全下山后，摸黑上山收玉米，一直收到第二天天亮。回家吃完早饭后,两人又马不停蹄地打草料、拌饲料,喂猪喂牛羊喂鸡鸭。等到中午,趁最热时,两人才能睡上两三个小时,下午起床后又继续割牛草……

两人的努力让帮扶干部感动不已,感慨地说:"要是每个贫困户都像你们这样,早就脱贫了!"

努力就有收获,一家人生活条件不断改善。与此同时,付体碧也有了新想法:带着乡亲们一起劳动,靠自己的双手过上好日子!

为了帮助乡亲们养牛,付体碧把牛崽卖给乡邻后,就走家串户传授养牛的经验。

村民秦文兵家也喂了十来头牛,他说:"有时候付姐就在我们的牛圈,或者在她家的养殖区,随时向我们传授各种常见病防治技术。她算得上是我们村里养牛的小'土专家'了!"

如今走在丰都县,"中国肉牛之乡"的标语随处可见,付体碧不认识那串字,她只会在纸上画一些只有自己才懂的符号,但她内心明白一个道理:只要拼命干,就会苦尽甘来!

改编自栗园园:《"只要肯干,就有活路!"》,《重庆日报》,2020年10月17日。

唐 华：
因地制宜带领村民种药材

人物简介：

唐华，男，汉族，1987年9月生，中共党员，太极集团有限公司太极天驴公司质管部副经理，重庆市奉节县平安乡驻乡工作队队员。2021年获得全国脱贫攻坚先进个人荣誉称号。

唐华（前蹲者）教大家种植药材的技术（中共奉节县委宣传部 供图）

新时代的年轻人唐华，满怀一腔热血，倾情投入脱贫攻坚一线，尽心尽力为贫困群众办好事、办实事，用青春书写着美丽人生的精彩华章。

30出头的唐华是太极集团天驴公司质管部副经理。2018年，公司选派驻村工作队队员开展帮扶工作，唐华主动请缨，来到重庆市深度贫困乡镇奉节县平安乡驻乡帮扶，成为奋战在脱贫一线的一名驻乡工作队队员。

带领村民种药材

"3年后，这一亩地大概可收300公斤以上的干天冬，按照目前的行情，一亩地可收入1.2万余元。"2021年3月16日，在奉节县平安乡射淌村太极天冬种植示范基地里，奉节县平安乡驻乡工作队队员唐华热情地为前来咨询中药材种植的村民们答疑解惑。

自2018年9月加入市政府办公厅扶贫集团驻平安乡工作队后，唐华这位从医药制造业"跨界"到脱贫攻坚的扶贫成员，硬是通过努力学习和不断实践逼自己从门外汉变成了"扶贫通"。

唐华刚到平安乡时，这里基础设施落后，产业基础薄弱、结构单一。唐华说："平安乡只有因地制宜发展产业，才能拓宽致富路。这里，恰好可以发展我们公司的原料产业——中药材。"

驻乡的前几个月，唐华不仅摸清了平安乡哪些地方具备发展中药材的条件，还利用岗位优势搞调研、跑项目、请专家，从太极集团争取到了161万元帮扶资金。后来，他又和当地村干部一起千方百计做通群众思想工作，号召长坪村、向子村、射淌村、平安社区的一些村民将闲置地开垦出来，种植前胡、百部、天冬、紫菀、金荞麦等中药材1000余亩。

念好药材这本经

"目前，平安乡中药材种植面积已有1万余亩，产业发展成效初显。我们还要增加更多'造血'功能，让脱贫攻坚成果同乡村振兴有效衔接。"唐华介绍，最近两年，该乡鼓励企业与村民建立土地流转、入股分红、入企务工、订单种养等利益联结机制，发展了一批"蔬菜村""药材村""养殖村"等特色产业村。

两年来，他多方协调、积极动员，并努力学习种植技术，在乡村和城市之间往来奔波，给困难群众送种子、送肥料、送农药、送技术，示范带动全乡中药材种植达10000多亩。"我们通过示范基地的方式，辐射带动周边农户连片种植中药材，让中药材产业成为巩固拓展脱贫成果和有效带动乡村振兴的致富产业。"唐华笑着说道。

产业发展起来了，农产品的销售渠道该如何打开呢？

2020年，唐华在驻村工作队领导和同事们的鼓励帮助下，在文昌村着手筹建了2个农副产品加工扶贫车间，努力拉投资、抓建设、帮经营、谋发展。后来，他还积极协调筹办了"平安有礼·逐梦小康""扶贫产品进机关"等消费扶贫活动，探索推广电商扶贫、

二、奋斗篇——脱贫攻坚

直播带货等消费扶贫方式，每年协调扶贫集团成员单位消费扶贫600多万元。

销售和加工一个都不能少

种植养殖产业一直是平安乡群众的主要经济来源。产量上来了，唐华又开始思考如何拓展农副产品的销售渠道、延长农副产品产业链。于是，他开始多方了解、多方协调，着手筹建2个农副产品加工扶贫车间，积极帮助厂房选址、商标注册、产品生产、资质认证、销售运营等，完成了扶贫车间的建设，带动当地贫困群众增收。"在集团党委的号召下，扶贫车间接了第一单，有30多万呢。"唐华回忆说，"车间投产5个月以来，已累计销售近130万元，销售贫困户农副产品近15万元，吸纳群众务工20人（其中贫困户9人），巩固拓展脱贫攻坚成果成效非常明显。"

帮扶工作是平凡的，群众脸上的笑容则是对他们"不平凡付出"的最大认可。驻产帮扶两年多来，唐华在脱贫攻坚一线挥洒血汗、忘我奉献，累计协调扶贫集团成员单位落实帮扶资金247万元、落地帮扶项目6个，发起设立平安乡扶贫助学、医疗救助、产业扶持"三大基金"，因地制宜发展了一批"蔬菜村""药材村""养殖村"等特色产业村，用600余公里步行丈量贫困，用700余次访农户、下田间走进群众心里，参与200多场群众会、院坝会，硬是从一个并不熟悉农村工作的"门外汉"，成长为一名帮助群众办实事的"乡里娃"，把帮扶工作做得有声有色，架起了帮扶连心桥，更种下了一颗颗致富的种子。

当谈起自己的扶贫经历时，唐华笑着说："这段经历是宝贵的，产业发展起来了，群众生活富裕起来了，更摘下了'贫困帽'，自己也在历练中更加成熟了。"

改编自汤艳娟：《因地制宜带领村民种药材》，《重庆日报》，2021年3月17日。

田茂友：
带领村民种油茶走上脱贫路

人物简介：

田茂友，男，土家族，1969年8月生，群众，重庆市酉阳土家族苗族自治县可大乡客寨村村民。2021年获得全国脱贫攻坚先进个人荣誉称号。

田茂友（谢智强 摄）

"茂友，快给我讲讲，种油茶还有哪些要注意的？"2021年3月2日一早，全国脱贫攻坚先进个人、酉阳土家族苗族自治县可大乡客寨村村民田茂友，就被同村的田茂富拉到了家中，"今年，我就不去福建打工了，跟着你种油茶！"

"不管是哪个，只要愿意种油茶，我就愿意教，带着大家一起过上好生活。"田茂友是土生土长的客寨村人，对村子有着深厚的感情。

贫困中的觉醒

种油茶之前，田茂友自己的生活只能用4个字形容：养家糊口。

"从小就是种苞谷、红苕、洋芋，填饱肚子。"不到19岁，田茂友就背井离乡外出务工，常年在外辗转漂泊的日子虽然能让一家人的生活有所改善，却也艰辛异常。

就在一家人的生活渐有起色时，2013年，他的妻子突患重病丧失了劳动能力。

"感觉天都要塌下来了。"妻子生病、母亲年迈，为了照顾家人，田茂友回到了客寨村。

种庄稼能填饱肚子，但治病的钱就找不到了。突如其来的意外，让田茂友成了村里的贫困户。

"政府建议我发展产业增收脱贫，我想来想去，觉得搞油茶应该得行。"田茂友告诉重庆日报记者，村子周边的山里就有野生的油茶树，以前他也去捡过野生的油茶籽榨油，只是产量不高，"油茶对土的要求不高，只要是微酸性土都能种。既然山里有野生的，就说明我们这里适合种油茶。"

认定了油茶

选定了方向，朴实的土家汉子说干就干。

"我两个兄弟的地都闲置起的，我就和他们商量，拿过来种油茶。"田茂友一个人一砍刀一锄头，花了近1个月的时间，将近40亩的土地全部开沟起垄、整饬完成。

种油茶的地有了，可没有茶树苗，怎么办？

"山里面多的是野生的茶树苗，挖出来就行了。"扛起锄头，田茂友一头扎进深山中挖野生油茶苗，再花两个月时间，将苗木一株一株栽下。

不承想，近40亩的茶树苗却因为天气干旱死了大半。

坐在田坎上，看着成片死去的油茶苗，田茂友欲哭无泪。

然而，面对妻子的埋怨、村民的嘲笑，田茂友并没有气馁。他白天忙农活，晚上看书学习油茶种植技术。

为解决树苗灌溉问题，他在地里挖了许多土坑，铺上胶纸，以便下雨天蓄水；为提高质量，他从江西购买优质茶苗替换野生油茶树苗。

他把买来的油茶树苗当成自己的孩子一样，除了睡觉，基本都在田里转悠。哪个该浇水，哪个该修枝，哪个该施肥，他都看在眼里，记在心里，一一落实。

就这样辛辛苦苦干了几年，到2020年，田茂友的油茶种植面积发展到了80多亩，漫山遍野都长成了希望。"到2019年部分油茶开始挂果，我就收入了8万多元。"说到这里，田茂友得意地笑了。

油茶让村里有了生机

到2021年，在田茂友的带动下，客寨村成立了油茶种植专业合作社，有470户村民自愿以土地入股，全村已种植油茶1200多亩，另外有2400亩土地已完成整地，也将全部用于油茶种植。

渐渐地，邻里上下、村寨之中打牌赌博的少了，油茶园间劳作的身影多了；不务正业的少了，探讨交流油茶等经济作物种植经验的声音多了；酗酒闲聊的少了，劳作休息间隙优美的舞姿多了；油茶产业发展也引领了乡风文明迎面而来，带动文化建设"重获新生"，作为土家摆手舞发祥地的可大乡客寨村，村民们更是将摆手舞跳进了北京城。

在田茂友帮助下，贫困户彭光文不仅种植了油茶，还发展了生猪养殖。他说："去年肉价高，我卖猪就赚了13万块钱。等油茶开始挂果，收入还要多。"

村里的变化，从福建回村过春节的田茂富一一看在眼里，这让他决定留在村里跟着田茂友种油茶。他说："能照顾屋里，还能把日子过好，种油茶得行。"

改编自陈维灯、冉川：《带领村民种油茶 走上脱贫路》，《重庆日报》，2021年3月4日。

廖和平：
为脱贫攻坚贡献高校智慧

人物简介：

廖和平，女，汉族，1964年11月生，中共党员，西南大学地理科学学院教授、博士研究生导师、精准扶贫与区域发展评估研究中心主任。2020年获得重庆市"三八红旗手"荣誉称号，2021年获得全国脱贫攻坚先进个人荣誉称号。

廖和平（郑宇 摄）

2021年初，一部讲述脱贫攻坚的电视剧《山海情》受到观众热情追捧。当片尾镜头定格在绿水青山之间的涌泉村时，电视机前的廖和平缓缓起身看向窗外，眼前不由浮现出自己带领团队在重庆、贵州、四川、云南等地走村入户，参与扶贫评估的情形。

评估检验是个特殊的"质检仪"

几年前，西南大学通过竞标，承担国家精准扶贫工作成效第三方评估和贫困县退出评估检查等重大专项任务，廖和平是项目主要负责人。

从那时起，她就如同"质检仪"一般，一头扎进工作中。根据相关工作要求，她所在中心对精准扶贫工作成效和贫困县退出评估制定了详细的调查问卷。比如国家贫困县退出专项评估，对建档立卡贫困户的问卷涉及教育、医疗、住房等几大类共166个问题。

在调查过程中，调查组坚持"走最远的村，访最穷的户"，去海拔近2000米或往返步行20公里的山头，掌握基层最真实的情况。

"除了入户调查，我们还会对基础设施建设、教育、社会保障等方面进行评估，通常选择当地变化最小、最薄弱的方面进行评估调查。团队从来不轻信书面材料，而是坚持实地走访调研。"廖和平说。

在评估过程中，除了政策落实、减贫成效、精准帮扶、资金管理等方面的评估外，廖和平也带领团队总结成功的脱贫做法，为当地政府提供值得推广借鉴的经验。

评估检验是个特殊的"助推器"

廖和平认为,脱贫攻坚的效果需要一个客观中立的第三方进行评估检验,这个第三方实质上充当了"助推器"的作用。

"如果说'质检仪'是发现问题,那么'助推器'就是在发现问题后,助推整改,解决问题。"廖和平说,"以危房改造为例,有些地方拆了农民大量的木板房,造成人力和资金浪费。这个时候,我们作为第三方评估团队就会给出建议,告诉地方政府,按照住建部门相关标准,哪些木板房是需要拆除的,哪些是可以维修加固的,只有精细化掌握情况,区别对待,才既可以为群众办实事,又可以节约财政支出。"

再比如,廖和平他们在评估检验贵州省安顺市平坝区的塘约村时发现,制约塘约村发展的根本原因,是没有有效地盘活土地资源,搞好土地产权改革。

廖和平团队通过调查研究后,给出建议,以4亩土地为一股,让老百姓以自己的承包地入股,规模化打造猕猴桃、辣椒等产业基地。同样,宅基地也可入股相应公司,进行民宿打造和包装;林地则用于开发乡村旅游等。

当地政府采用和吸收了廖和平团队的建议。

"老百姓是经营自己的公司,因此积极性非常高。"廖和平说。干部群众上下一心,齐心苦战,仅用了3年时间,就将农民年人均纯收入由不到4000元提高到了8000元,实现了从国家级二类贫困村向"小康示范村"的嬗变。

"把思政课堂设在扶贫路上"

作为一名高校教师，廖和平还提出"把思政课堂设在扶贫路上"，让脱贫攻坚也成为实践育人的方式。

西南大学地理学专业学生王子懿由于在校成绩不理想，感到人生迷茫。廖和平建议他加入第三方评估团队，希望他能从中找到人生目标。

"这段经历非常珍贵。虽然已有心理准备，但真正走过悬崖绝壁的盘山公路、曲折泥泞的乡村小道，我才深切感受到脱贫攻坚工作的不易。"看到廖和平老师挨家挨户地了解困难家庭情况，用专业知识为贫困群众排忧解难，王子懿深受感动，同时也理解了地理学科的价值。

2016年以来，廖和平带领评估团队深入重庆、贵州、四川、黑龙江、吉林、宁夏等13个省市（自治区）的134个区县、1978个乡镇、3170个行政村，深入走访15.8万农户，开展贫困县退出专项评估检查和精准扶贫工作成效第三方评估，撰写各类评估报告和决策咨询建议累计105份、315万字，为地方政府提供1246条脱贫攻坚工作建议，得到国务院扶贫办、中国科学院和有关省市地方的高度肯定和采纳。

廖和平也以自己的实际行动，把自己的论文写在希望的田野上，写在脱贫攻坚的伟大事业中。

改编自李星婷：《廖和平：为脱贫攻坚贡献高校智慧》，《重庆日报》，2021年2月27日。

颜　安：
"三门记者"的田坎情结

人物简介：

　　颜安，男，汉族，1982年4月生，中共党员，重庆日报记者、农业农村部副主任。2021年获得全国脱贫攻坚先进个人荣誉称号。

颜安（郑宇 摄）

"我要用手中的笔,去续写更多山城重庆乡村振兴的'春天故事'。"

说这句话的,就是重庆日报农业农村部记者颜安。

从2009年联系重庆市扶贫办开始,颜安一直以宣传扶贫报道为己任,足迹遍布重庆33个有扶贫开发任务的区(市)县。其中18个扶贫开发工作重点区县和18个市级深度贫困乡镇,更是他采访的重点。为采写出更多带露珠、沾泥土、接地气的新闻稿件,他几乎每个月都有三分之一的时间"泡"在田坎上。12年来,他用近百万字的扶贫报道,见证、参与、记录了重庆脱贫攻坚的历程,谱写了一曲曲脱贫攻坚的巴渝壮歌。

倾情田坎:"三门记者"干起义务"讲解员"

长期以来,在新闻界一直盛传着"三门记者"这一民间俗称。大家把从家门到学校门,再进报社门的记者称为"三门记者"。意思是这些记者虽然大多学历很高,但缺乏社会和基层经验,对工作的认识还有许多不足。颜安说,如果按这样理解的话,刚参加工作时的他,就是一名典型的"三门记者"。从小在城里长大的颜安,2007年大学毕业后进入重庆日报工作,一直对口联系负责时政类报道。直至2009年对口联系重庆市扶贫办的采访报道工作,他才有了更多接触和感受基层疾苦、冷暖的机会。

"以前是家门、学校门、报社门'三门记者',不知道基层为何物,现在想起都觉得可笑。"颜安说,通过近些年在全国新闻队伍中深入开展的"走转改""新春走基层"等活动,他更多地接触到了老百姓，他也感受到只有这样才能写出生动的稿子。

"是什么让你这么多年来倾情和专注于脱贫攻坚的报道？"面对笔者的这一提问，颜安回忆起了自己刚对口联系采访重庆市扶贫办时的一件往事。

2010年春节前夕，颜安接到报社安排，前往重庆市最偏远的城口县采访。他回忆："说实话，当时我对这个任务有些发怵，因为城口是重庆最偏远的县，而且没有直达的长途汽车，需要在四川省万源县中转，单程的路程用时长达10小时。"采访前一天晚上9点多，颜安来到重庆菜园坝火车站，乘火车前往四川省万源县。但第二天凌晨3点多到站后，却一时找不到去城口县的长途公交汽车。他只能就近找了个宾馆，睡了两三个钟头后，再接着上路。

当他连夜舟车劳顿终于赶到贫困户家中时，眼前的那一幕，让他顿时忘记了所有的疲惫。那是一户因病致贫户。颜安抵达时，女主人正在卷起袖子，拿着针管，对着自己的手臂注射治疗药剂。

尽管已时隔10年有余，这一幕仍深深地刻在颜安的脑海里。那名贫困群众的话语，总是不时在他耳边响起："没法子啊，生了病看不起，只能找医生拿点药水水，再自己找根针管打进去，看好不好得了。"

说到这里，颜安有些懊恼地说："当时还是太年轻了，没有把她的电话或者联系方式记下来，这么多年过去了，也不知道她的情况如何了……"

这次采访给颜安带来极大触动。从那以后，对扶贫政策的落地、贫困群众的生活变化，他尤为关注。一方面，他像海绵一样，把各种脱贫攻坚的最新精神、指示、政策都吸收进来，装进脑子中；另一方面，他也在基层考察政策的落地情况，遇到贫困户甚至村干部不清楚、不了解政策的时候，他还耐心地给贫困山区的群众解释、讲解，当起了一名义务政策"讲解员"。

参与公益：成为乡村与外界的"传声筒"

在同行眼中，颜安踏实、勤奋、高产。

在他的笔下，如实地反映出重庆市石柱县中益乡通过"四个深度发力"，带来"四个深刻变化"的故事和历程；他走进重庆市奉节县平安乡文昌村贫困户朱学兵曾经蜗居的山洞里，挖掘出这名"山顶洞人"的脱贫故事；他将视角和笔触对准那些不等不靠、自强不息、奋发向上、努力奔跑的贫困对象，重庆市丰都县十直镇秦榜沟村脱贫户付体碧、重庆市黔江区黑溪镇胜地村村民王贞六等的事迹，都通过他的报道和宣传，感染和鼓舞了更多人。

颜安发现，贫困地区、贫困村、贫困户的情况，在很多时候并不为外界所知，这导致了即使有一些社会资金想投向贫困地区，想帮助贫困群众，也没有可靠的信息渠道来源。

事实上，如何在社会扶贫大格局中贡献自身的媒体力量，也是重庆日报一直以来积极探索的重要方向。2017年，重庆日报启动了"跟着党报去扶贫——《重庆日报》新闻扶贫大型公益活动"，希望通过系列新闻报道、扶贫公益广告、落地公益互动策划等，在一批贫困村、贫困户和社会公益力量之间搭建爱心桥梁，希望更多人加入这场脱贫攻坚战中，传递社会正能量。

"我有幸参加了这个公益活动的第一期，采写了开篇之作。"颜安介绍。那是2017年7月上旬，重庆日报采访团队来到了城口县，深入大巴山腹地进行采访。3天时间里，他们采访了城口县东安镇兴田村的贫困户唐太友、周远秀等人，了解到他们通过巴渝民宿挣到了"钱票子"，生活有了较大的改善，增强了脱贫致富的信心。

2017年7月12日，由颜安采写的报道《"最穷村落"乡村旅游谋划升级版》见诸报端，并配以对东安镇兴田村乡村旅游的理性思考，呼吁、号召社会各界共同为兴田村旅游出谋划策。活动共持续了两个多月，共推出公益报道10期、刊发新闻稿件50余条。报道抓住了脱贫攻坚过程中的重点、热点、痛点，引起了巨大的社会反响。

媒体发声：做肩负起涉农问题的"观察员"

从2009年至今，随着大量基层采访经历的积累和沉淀，颜安对脱贫攻坚工作的各项事宜把握得越发精准，随之对脱贫攻坚也有了更多自己的思考和见解。

"作为新闻媒体，我们应保持相对独立、客观、公正的立场，敢于对脱贫攻坚进程中出现的一些问题发声。"颜安说。

脱贫，必然要摘帽，这是许多贫困区（县）不愿意想也不愿意面对的事。"当时重庆市提出摘帽的意见后，我很快捕捉到了一些区（县），尤其是部分区（县）扶贫办负责人的负面情绪。"

搜集到相关素材后，颜安采写了《脱贫摘帽，区县为何不积极？》一文在《重庆日报》上刊出，报道既有对区县声音的集纳，又有对原因的剖析，还提出了工作建议，为相关部门及时出台有关政策提供了决策参考。

全面建成小康社会重庆奋斗者

"新闻媒体要转型，就应该提出更多具有思考性、建设性的观点、见解，只有这样才能给人以更多启迪。"颜安说，"脱贫攻坚取得全面胜利后，'三农'工作的重心已全面转向了乡村振兴，同时媒体转型的压力也在加大，在今后的工作中，我要更多培养独立思考的能力，让自己的报道引发更多思考、讨论和关注，持续为巩固拓展脱贫攻坚成果，为乡村振兴发声。"

近年来，颜安参与了中央、重庆市委组织的有关脱贫攻坚政策落实和成效的调研活动。2020年3月，他参与了中央办公厅在石柱县中益乡的蹲点调研，调研报告在人民日报、新华社等中央媒体刊发；2020年6月，他独立采写完成国家发改委安排的重庆市易地扶贫搬迁调研报告任务，获得国家发改委肯定，为高层决策提供了重要的参考依据。

在12年的扶贫采访中，颜安记录了上百个一线的扶贫干部和贫困地区群众披荆斩棘、拼搏奋战的故事，见证了像下庄天路这样的奇迹背后的脱贫攻坚精神。

颜安说："脱贫攻坚精神的锻造，离不开冲锋在前、敢啃硬骨头的优秀共产党员，离不开自力更生、艰苦奋斗的英雄的人民，更离不开党的坚强领导和全社会排山倒海的磅礴力量。"

改编自李柯言、李明刚：《颜安："三门记者"的田坎情结》，《青年记者》，2021年第15期。

魏宗平：
"带领乡亲过上好日子才是真本事"

人物简介：

魏宗平，男，汉族，1974年9月生，中共党员，新疆宏博房地产集团有限公司董事长，共青团重庆市委驻新疆工作委员会书记。2021年获得全国脱贫攻坚先进个人荣誉称号。

魏宗平在新疆为贫困学生送上捐赠的衣服和文具（共青团重庆市委 供图）

"老余，你们公司工人招满没有，过几天我有几个巫山老乡想到新疆来找工作，你帮忙留几个名额如何？"

"没问题，老魏，正好我的养殖基地还需要招几名工人，到时你带他们过来办手续就是。"2021年2月25日下午，刚参加完全国脱贫攻坚总结表彰大会，准备从北京返回重庆的共青团重庆市委驻新疆工作委员会书记魏宗平，急忙给远在新疆的朋友余庆华打了个电话。

把乡亲们带出去

类似这样的请求，在魏宗平的记忆里不计其数。截至2020年底，他先后带领5万余名巫山人在新疆成功就业，平均每年创造劳务收入20多亿元。

魏宗平的老家是巫山县铜鼓镇观阁村。12岁那年，魏宗平的父母因病去世，生活全靠邻居接济。为了谋生，14岁时魏宗平便跟随乡亲外出务工，从工地到餐馆，从煤窑到工厂，丰富的打工经历造就了他吃苦耐劳、敢闯敢拼的个性。

2006年，魏宗平从北京辗转到新疆，从事外墙保温作业。凭着一股子闯劲，他很快在乌鲁木齐站稳脚跟，并成立了新疆佳能保温防腐安装工程有限公司。

后来，他将原来的安装公司发展成为集房地产开发、建筑施工和新材料生产为一体的宏博集团公司，魏宗平在家乡的名气也越来越大。每年春节返乡，眼见乡亲们还靠着"三大坨"（土豆、玉米、红苕）过苦日子，魏宗平便萌发了带领村民外出务工的念头。第一年，包括谭照全在内的30多名老乡远赴新疆，进入魏宗平的公司工作，成为老家第一批跟随魏宗平外出务工的农民工。

新疆有咱魏书记

2010年，魏宗平被推举为巫山县驻新疆劳务服务站站长，借助自身人脉关系，他与新疆当地企业建立起信息沟通渠道，及时掌握这些企业来年的用工需求，并签订用工协议。同时，他又在巫山建立起劳务输出联系点，各联系点负责人按照用工需求组织人员进新疆。通过建立双向机制，魏宗平成功架起了巫山农民工到新疆就业的绿色通道。当年，巫山在新疆从事外墙保温的达3万多人，创造劳务收入15亿元。

这几年，在魏宗平的带动下，通过外出务工成功脱贫的巫山籍贫困人口就达3000余人，魏宗平所打造的劳务派遣模式也成为巫山脱贫攻坚的样板工程。因带贫成效显著，2016年，他被任命为共青团重庆市委驻新疆工作委员会书记。

在新疆打工的巫山人，提起魏宗平，都自豪地说，新疆有咱魏书记，在这里干活心里踏实。

家乡的事能管就管

除解决村民务工难题外，魏宗平还不忘支援家乡建设。他常说："家乡的事能管就管，尽一份力总是好的。大家都尽点儿力，家乡就会越来越好。"近年来，他先后累计捐资800多万元资助孤寡老人、残障人士和贫困学生，并修建乡村道路，援建学校公益性项目等。

"一个人富不算啥，带领乡亲们过上好日子才是真本事。"提及获得全国脱贫攻坚先进个人荣誉，魏宗平坦言，这份荣誉对他来说既是一种鼓励更是一种责任。接下来，他准备向种植、养殖领域开拓业务，带动更多的老乡多渠道增收，让大家脱贫后还要过上更加美好的生活。

改编自赵伟平：《"带领乡亲过上好日子才是真本事"》，《重庆日报》，2021年3月2日。

郭 平：
为了这头"熊猫猪"

人物简介：

郭平，女，汉族，1973年8月生，群众，重庆市荣昌兴旺种猪场场长。2020年获得全国劳动模范荣誉称号。

养猪劳模郭平（受访者 供图）

47岁的全国劳模郭平是荣昌区昌州街道石河村6组村民、昌州街道兴旺种猪场场长、荣昌区郭平养猪专业合作社法人。她在养殖行业创造出了一流业绩，作出了突出贡献，在当地干部群众中获得了很好的口碑。

她先后荣获"荣昌县养殖业大户""重庆市百名农村妇女科技致富能手""荣昌县十佳致富能手""重庆市养猪大王""振兴荣昌贡献奖""荣昌区十佳创业女性"等称号。2017年12月，郭平被评为全国农业劳动模范，2020年11月荣获全国劳动模范称号。

回家养猪的女白领

正宗的荣昌猪，脸上的花纹如同熊猫，所以，荣昌猪又叫"熊猫猪"。

2007年5月，在重庆主城一家品牌服装店做了10年销售主管的郭平，在电视上看到"部分养殖户养殖的荣昌猪感染了一种叫蓝耳病毒的疫情，造成猪大量死亡"的消息后十分揪心。当时荣昌很多养猪户闻猪色变，纷纷放弃养猪事业，变卖宰杀荣昌猪。在这种情况下，她毅然放弃优越的白领工作，回到家乡自己创业，她要养殖荣昌猪，同时帮助乡亲致富。

为了凑齐本钱，她一咬牙，用自己仅有的一套房产做抵押，贷款7万元，建起了第一个猪舍，开始了养猪生涯。

通过一段时间的艰辛努力，郭平终于在荣昌区昌州街道石河村6组租地300余亩，开始兴建她的兴旺种猪场，准备大干一番事业。然而，事与愿违。由于缺乏科学的饲养技术，加之市场价格的不稳定，几年下来她并未赚到钱，多年的艰辛付之东流。

面对荣昌猪市场价格不断下滑给养猪行业带来的巨大压力,郭平并没有打退堂鼓,而是迎难而上,通过冷静的反思总结,认识到自己失败的原因是吃了不懂科技与不懂市场营销的亏。她进一步厘清思路,坚定信念,积极研究市场营销,探索经营渠道,主动参加养猪科技培训班,系统地学习并掌握了科学养猪技术,逐渐成为了养猪能手。

扶志扶智的女猪倌

郭平的事迹在当时引起了不小的轰动。周边村民看到养猪能赚钱,纷纷跑来看"稀奇",旁敲侧击地询问"致富经"。

"取经"的农户越来越多,郭平在发展壮大自己产业时,并没有忘记带领当地农民发家致富,她产生了成立养猪专业合作社以带动周边村民致富的想法。"大家养猪不赚钱主要是因为没销路。"郭平说。在充分走访动员后,许多养殖户表示愿意跟着她一起干。郭平在政府和相关部门的支持帮助下,成立了"荣昌区郭平养猪专业合作社"。

在当地政府的支持帮助下,郭平运用"国家标准化养殖场"的销售平台,一年之间,她养的荣昌母猪和荣昌仔猪销量就突破了12万头,带动农户5000余户增收致富,户均每年增收5000余元,共计带动农户每年增收2800余万元。与此同时,她积极奉献爱心。11年来,她先后帮扶孤寡老人、残疾人、空巢老人、刑满释放人员、重疾病人、留守儿童等200余人,她还重点帮扶了建档贫困户,整村帮扶周边的昌元街道、昌州街道、双河街道。

自立自强的新女性

近年来，荣昌区委、区政府大力推进国家生猪大数据中心建设，郭平乘势搭上了这个全国唯——个国家级生猪交易平台，将猪卖到了全国各地。作为新型职业女性，郭平积极创新妇女思想，以榜样的力量引领激励广大妇女弘扬自尊、自信、自立、自强精神，努力拼搏进取。

从2007年5月开始养猪以来，郭平没有接到一起投诉。她多次作为地方优秀农民代表到北京参加养猪研讨会，积极宣传荣昌猪、荣昌猪的养殖以及荣昌猪产业的发展。

2018年3月，郭平被荣昌区委宣传部聘为党的十九大精神区委宣讲团成员，多次到西南大学、荣昌区清江和双河等镇街的村（社区）进行宣讲，结合自己的亲身经历和成长过程，言传身教，很好地传递了正能量。

郭平积极响应国家"三去一降一补"政策，努力推动农业供给侧结构改革和我国畜牧业现代化建设。她创办的种猪场和养猪专业合作社运行状况很好，发展后劲十足。如今，她的养猪事业越来越现代化、越来越生态环保，致富道路也越走越宽。她表示，今后将帮扶更多的村民，带动更多的老百姓致富奔小康，为建设美丽乡村和发展荣昌猪作出更多更大的贡献。

改编自潘锋：《为了这头"熊猫猪"》，《重庆日报》，2021年4月8日。

三、勤勉篇

——全心全意

邓平寿：
春蚕到死丝不尽

人物简介：

邓平寿，男，汉族，1956年2月生，中共党员，生前系重庆市梁平区（原梁平县）虎城镇党委书记。2009年入选"100位新中国成立以来感动中国人物"。

邓平寿（中共梁平区委宣传部 供图）

2007年2月5日，落雨的日子，他最后一次回到虎城。

22天前，也是这样一个雨天，他在桑田中突发急病，被抬上车，离开了虎城。

那一天，他是怎样地不舍："我不走！不走……"

现在，他可以永远地不走了。重回虎城，这位还差3天满51岁的重庆市梁平县虎城镇党委书记已是女儿怀中的一捧骨灰……

一群又一群乡亲从院坝里赶来，从田间赶来，从河沟旁赶来……他们挤满了连接县城公路的镇场口，挤满了通往五角村邓家老屋的七里长街，这支没有人召集的上万人的队伍，在风雨中伫立着，接他们的邓书记回家……

"做什么事都要贴近群众的心，把准群众的脉"

虎城是梁平县最偏远的一个镇，1997年前全镇大部分村不通公路。邓平寿1998年出任虎城镇党委书记，干的第一件事就是修路。

邓平寿带领着镇上的干部挨个村地跑，动员农民筹资修路。可有极少一些人不乐意，邓平寿没多想。

眼看修路的资金凑齐，一纸告状信递到了上面，上级机关批得清楚：为不增加农民负担，钱要退回。

邓平寿反思后，找到自己家所在的五角村村委会主任，与他商量，用集体的积累，每户再出100元，把村里的路修起来，邓平寿当场掏出500元。

五角村的路一修好，全镇的人坐不住了。修路工程在全镇开展

三、勤勉篇——全心全意

起来。邓平寿感慨:"做什么事只有贴近群众的心,把准群众的脉,群众才会拥护。"

邓平寿天天泡在村里,无论哪个村修路,他都要捐款;每条路开工,他都要往工地上跑,他常常拿个皮尺在路基上量了又量;到搅拌机旁,把用过的水泥口袋数了又数。包工头说:"在你这里修路赚不了钱。"他说:"老百姓筹两个钱不容易,得对得起他们!"

到2005年底,虎城镇村级公路全部水泥硬化,实现了县道连村道,村道连组道,村组公路进农户的交通网。现在的虎城开通了公交车,跑着几十辆出租车,还有5000多辆私人摩托,运送货物的车南来北往。

"老百姓对我太好了!我只有拼命干"

虎城一直有种桑养蚕的传统,前些年由于市场波动,不少蚕农信心动摇,全镇养蚕量减少了三分之二。

邓平寿认准一条:蚕茧市场一定会回升,关键要保住桑树。

他带着镇上的干部,挨家挨户地做工作。下村时,他的包里总是带着蚕药、桑剪、嫁接刀,遇上谁家有需要,他就帮一把。

2002年1月的一天,邓平寿一早下了村,在桑田里一直转到天黑才回到镇上,没来得及坐下,一口鲜血喷出来……他被送到重庆的医院,检查结果显示肺部长了一个良性肿瘤,医生为他做了手术。3天后,他从重症监护室回到病房,看到了屋里摆放的鲜花和虎城特产,眼圈一下红了。

手术后6天，邓平寿就回到镇上，在办公室楼上的寝室里边输液边工作。他说："老百姓对我太好了，我只有拼命干，让他们过上好日子，才能报答啊！"

2003年，虎城全镇养蚕量占了全县养蚕量的三分之一；到2005年，虎城农民蚕桑年收入达到500万元。

"当干部，就是要发扬艰苦奋斗的作风"

邓平寿喜欢下乡，不坐车，用脚走。一身布衣，一双胶鞋，一个帆布挎包，包里装着笔记本、桑剪、蚕药。虎城17个村的77平方公里，哪块地的秧子长得不好，哪棵桑树没刷白，谁家的茧子生病了，他都清清楚楚。路上，遇见哪个老伯担着担子，他会接过来挑上一程；赶上在农户家吃饭，一碗泡菜、二两老白干他最喜欢。虎城的老百姓给他编了一个"四子歌谣"："不坐车子，不戴（草）帽子，不摇扇子，手上有块汗帕子。"

邓平寿去县里开会，总是当天赶回。1999年，他带领镇干部职工10多人到宜昌、武汉考察企业和集镇发展，全部利用晚上乘车坐船，舍不得买卧铺，大家挤在过道上打盹。原计划6天的行程仅用了3天，节省开支5000多元。

邓平寿自己的生活更节俭，最贵的衣服不过90元，抽的烟是5元钱一包的朝天门。但是，在镇里每年公布的捐款"光荣榜"上，他的名字总是排在第一。

三、勤勉篇——全心全意

"农民损失,政府买单,绝不能给老百姓打白条"

邓平寿最快乐的日子是赶场,这几天他一准坐在办公室。一拨一拨的农民往他屋里跑,有打听电话的,有托他帮助买良种的,还有托他代取汇款的。没啥事的人,就来歇歇脚,和他唠唠嗑,喝口茶。

1998年夏天,邓平寿得知10多岁的邓广春因母亲外出下落不明,父亲残疾,无钱而辍学。他对邓广春说:"你去上学,学费我出。"他把孩子送到学校,此后每学期给他缴500元学费。

蔡先万是邓平寿家所在的五角村的一个五保户,邓平寿把他当成自己的老人。逢年过节,他就把老人接到自己家过;平日里邓家只要吃肉,一定给老人送去一碗;老人生病,他跑几十里去请医生;老人有8分田地,所有的农活邓平寿都包了。老人60岁生日那天,邓平寿从家里拿来酒、肉、菜,办了3桌酒席。蔡老汉握着邓平寿的手,眼泪一个劲地淌。老人去世后,每年的清明,他总要到老人的墓前烧一把纸,鞠上三个躬。

2006年,农民在上级农业站的鼓励下种青蒿获得大丰收,却遭遇市场价格下跌。镇里开会,邓平寿拍板:"农民损失,政府买单!"当年镇上从有限的开支里挤出4万元,补贴青蒿收购。邓平寿去世后,收购点的负责人,拿出了一张2万元的收据,原来当年邓平寿还把自己的积蓄悄悄地拿出来,为收购群众的青蒿应急。他说:"绝不能给老百姓打白条!"

全面建成小康社会重庆奋斗者

"我要让虎城镇所有老百姓，都过上巴巴实实的好日子"

2007年1月14日，五角村一个普通的农家院。邓平寿起床后，吃完妻子给他端来的一碗面，到老母亲的房间道别："娘，我走了，中午多吃饭！"

这天，他要去千丘村检查桑树冬管和栽植的情况。

无法数得清，有多少个这样的早晨，难得周末傍晚赶回来与家人团聚的邓平寿，第二天又要走了。但这个朴素温暖的家，永远像一坛醇香的老酒醉着他。

县里有两次要调他走。每次要调他走的消息一传开，十几个村的村干部挨着脚往镇上跑，拽着他的袖口说："邓书记，你不能走哦，虎城离不得你，我们不准你走！"

他留下了，他说："虎城一天没搞好，我就一天不离开虎城！"

1月14日这天，从早晨出门一直在桑田里奔波的他，感到了一种从未有过的虚弱。下午，他突然腹痛如绞，终于没有了力气。15日凌晨，被送进重庆医科大学附属第一医院。

1月15日清晨7点5分，大兴村村委会主任袁家福接到了一个他熟悉的电话："你们的桑树栽得怎么样了？要栽好。"声音微弱。这是邓平寿的最后一个电话。

1月16日，邓平寿被诊断为急性坏死性胰腺炎。

1月17日，手术。他在手术前对守在病床边的小女儿邓巧娟说："不要给组织添麻烦，帮我把党费交了，这可能是我最后一次……"

三、勤勉篇——全心全意

2月1日凌晨,邓平寿永远地走了。还有3天,他满51岁。

接邓书记回家的乡亲,热泪长流……

邓平寿50岁那一年说过:"现在的虎城公路硬化才达到95%,只有80%的村民吃上了自来水和安上了加密电视……我的目标,就是要让这一切都变成100%!我要让虎城镇所有的老百姓,都过上巴巴实实的好日子!"

邓平寿用短暂而有价值的生命实践了自己的诺言!

改编自张严平、黄豁:《春蚕到死丝不尽》,新华网2007年6月17日报道。

杨 骅：
"他是为公家走的，光荣！"

人物简介：

　　杨骅，男，汉族，1970年12月生，中共党员，生前系重庆市忠县金鸡镇傅坝村驻村工作队队长兼第一书记。2018年获得"敬业奉献好人"荣誉称号，2021年获得全国脱贫攻坚先进个人等荣誉称号。

图为杨骅（左一）生前走访贫困户，了解其家庭基本情况（中共忠县县委宣传部 供图）

三、勤勉篇——全心全意

杨骅，忠县金鸡镇傅坝村原第一书记、驻村工作队队长。这段时间，他的故事传遍了大江南北。

"让贫困山村一年年富起来，让群众的日子一天天好起米。"这是杨骅开始驻村扶贫工作时的承诺。为了这份承诺，他带领群众修路、建房、发展产业……一心扑在扶贫事业上，把贫困户当亲人，饱含深情为他们排忧解难，直至倒下。

"他是为公家走的，光荣！"杨骅追悼会上，95岁的奶奶一句话，让在场的人无不为之动容……

在寻找杨骅生前足迹的过程中，重庆日报记者发现，杨骅与家人、贫困户、同事交谈中，牵挂最多的，还是扶贫那些事儿……

"杨叔叔说好了开学来看我的，怎么说走就走了……"

这段时间，重庆工程学院大一新生张荣梅一直沉浸在对杨叔叔的怀念之中。

张荣梅口中的"杨叔叔"就是杨骅，忠县金鸡镇傅坝村原第一书记、驻村工作队队长，也是她家的帮扶责任人。

2018年8月20日，杨骅听张荣梅的妈妈说想养鸡，便马上请人帮忙买了15只鸡苗。

然而，15只鸡苗还没送到，杨骅就走了。

2018年8月21日早上7点47分，傅坝村村委会办公室，杨骅正和村支书陈廷虎商量村里危房改造的事，突然大汗淋漓。大家催促他去看医生，杨骅说先回房间换件衣服，却迟迟未出来。大家进去一看，发现他仰躺着，脸色苍白。"120"医护人员赶到时，一切都太迟了。

杨骅的生命，永久定格在48岁。

同事们说，杨骅未做完的事，他们接着做

在蜂水村村委会办公室，挂着一张照片。照片上，杨骅站在第一排，举起右手重温入党誓词。

这是2018年5月23日，村里开展党员"政治生日"活动时的合影。

"干不好扶贫，对不起组织。"那天，杨骅说的这句话，让蜂水村村支书彭涛心里很踏实。

蜂水村离忠县县城58公里，山高坡陡，自然条件差，经济基础薄弱，后续发展乏力。全村有668户1911人，其中有贫困户62户，贫困人口180人。

杨骅才来到蜂水村时，村里的状况让他感触颇深。通过调研，他决定把扶贫产业这篇文章做好。

当时，村里种了1000多亩笋竹。雷竹、红壳竹等品种已种了好几年，本来市场前景看好，但一直没多少产出，群众积极性不高，有的甚至还在笋竹间套种其他作物。

杨骅了解发现，问题出在管护和管理上。曾经与杨骅一起工作的蜂水村驻村队员秦学莲回忆，为解决技术问题，杨骅多次到其他笋竹产业发展好的村拜师学艺，回来后，杨骅就手把手给大家演示如何挖坑、施肥、除草……

杨骅还建议依托现有的笋竹专业合作社，成立蜂水村人力资源

三、勤勉篇——全心全意

有限公司，鼓励贫困户以土地入股、劳务合作等形式参与，形成一条村级特色扶贫产业链，以实现建基地、促发展、得实惠的目标。

2018年春天，村里的笋子产量增加到6万公斤，是原来的两倍多，村民们第一次拿到了笋竹产业带来的分红，立即要求再扩大1000亩的笋竹种植面积。

面对竹笋外销运输道路不畅的问题，杨骅又承诺："今年努力把你们的路修通。"2018年6月，蜂水村二、三组两段四好农村路启动建设。接连一周，杨骅与大家一起钻丛林、攀悬崖，查勘线路、计算工程量。

2018年7月，杨骅到傅坝村担任第一书记、驻村工作队队长后，觉得村里的1000亩柑橘园很有前景，便建议柑橘园老板再扩大1000亩。

在村干部和群众看来，"杨骅就像一个地地道道的农民"。

他像农民，一脸憨厚，碰到在地里劳作的村民，他会蹲在田坎上跟对方交谈，要是对方递烟，就接过来夹在耳朵上；他像农民，在搞基础设施建设时，他带头干脏活累活，一张脸晒得黢黑。

他常说自己是农民的儿子，在蜂水村、傅坝村，每一个院坝，每一片竹林，每一条乡间小道，都留下了他熟悉的身影。

"他走得太匆忙了。"傅坝村现任第一书记董世军说，杨骅生前曾告诉他，还想在修路、发展产业、建设智慧乡村方面多给老百姓做些事，"杨骅未做完的事，我们接着做，他的遗愿，我们帮他完成！"

彭涛把那张在党员"政治生日"活动时拍的照片裱了起来，挂在办公室。"每次看到这张照片，我就会提醒自己，尽职尽责干好扶贫工作，全心全意让乡亲走上致富路，这也是他的心愿。"彭涛说,"人的自然生命是有限的,党员政治生命是可永续的。"

家人说,就当杨骅还在傅坝村扶贫吧

杨骅去世后,很多人才知道,他是忠县原副县长杨志刚的儿子。杨志刚2007年从副县长岗位上退休,这么多年来,他从未因为儿子的工作问题找过组织,找过关系。

杨骅去金鸡镇做扶贫工作后,父子俩经常在微信上交流,内容也都是工作、民生、廉政、家国情怀。

"是组织对你的信任,要依靠集体的力量和智慧,一定能够完成组织上交给的精准脱贫任务!"2017年6月21日,杨志刚获知杨骅将被调整到傅坝村任第一书记,及时发微信鼓励儿子。

"驻村工作是一门新课题,也是我人生中又一个新起点,我很热爱这份工作。"看到杨骅的留言,杨志刚沉浸在儿子进步的幸福中。

……

近年来,杨志刚和儿子的谈话内容,始终围绕着扶贫,围绕着一个共产党人该有的责任和担当。

"儿子,你的工作得到了党和人民的肯定。"前不久,杨志刚将重庆市扶贫开发工作2018年度先进个人的荣誉证书照片,继续用微信发给杨骅,并给他留言——虽然他知道儿子再也收不到了,也不可能再给他回信息了。

杨骅走了两个多月,但杨志刚还坚持给杨骅手机交话费,天天给杨骅的手机充电,不时翻看父子俩以前的聊天记录,以此安慰自己,"就当他一直在傅坝扶贫吧……"

三、勤勉篇——全心全意

杨骅和妻子李正琼结婚20多年，有两个孩子，夫妻相濡以沫，直到杨骅走了，李正琼才发现，这两年自己跟丈夫竟然没说过几句话。

杨骅驻村后，三分之二以上的时间吃在村、干在村、住在村，每周一很早离开县城，周五很晚才回去。即使家人将每周五的晚饭时间推迟到晚上10点以后，杨骅仍很少准时回家吃饭。

"他是一个朴实、厚道的人。"李正琼记得，那些年她上早班，常常凌晨4点就要出门，杨骅每次都送她到单位楼下，"他总说这些年辛苦我了，既照顾孩子又照顾老人，就常唱《老婆，你辛苦了！》这首歌给我听，煮饭时唱、拖地时也唱……"

杨骅生前，没陪父母外出旅游过，杨骅和妻儿走得最远的地方就是重庆主城。今年，儿子杨涛宁高考，杨骅因为忙着道路测量，没有帮忙填志愿，也没有回家陪伴。说好的送儿子去上大学，也无法兑现了。

听说他帮扶的乡亲张启斌的两个女儿想吃凉粉，8月20日清晨，杨骅从家里出门，上街买了凉粉和水果带回村里。不想这一走，竟成为和家人的永诀。

杨骅走了。但是，他的誓言和忠诚，已永远镌刻在那片他深爱的土地上。

改编自陈国栋、彭瑜：《"他是为公家走的，光荣！"》，《重庆日报》，2018年11月12日。

夏　强：
"筒靴书记"的扶贫故事

人物简介：

夏强，男，汉族，1974年6月生，中共党员，生前系重庆市垫江县裴兴镇高石村驻村工作队队长兼第一书记，垫江县总工会党组成员、县职工服务（帮扶）中心主任。2021年获得全国脱贫攻坚先进个人荣誉称号。

夏强生前进村家访时在乡亲的玉米晾晒场（中共垫江县委宣传部 供图）

三、勤勉篇——全心全意

2018年：

11月12日，门口有一袋干豇豆，问了邻居，他们也不知道是谁送的。

11月14日，驻村工作队走访完贫困户，回来门口防盗窗上多了一袋豌豆尖。

……

翻开垫江县裴兴镇高石村村委会的这本账单，本子上工整的字迹记录了2017年8月以来驻村工作队"欠"下的232笔账。

账单背后有怎样的故事？

村民"状告"他不近人情

这本账单早在夏强进村时就开始酝酿。

2017年8月，垫江县总工会党组成员、经审委主任，县职工服务（帮扶）中心主任夏强被派驻到高石村担任扶贫第一书记。

刚开始听说村里要来个第一书记，村民们根本没把他看在眼里。"从城里来的干部能干啥？还不是来混混日子，搞起耍的。"高石村村委会主任刘兴龙也觉得，他就是走走过场。

然而一年时间，15公里硬化路通到村里；全村畜牧饮水和农田灌溉的储水问题得以解决；3公里饮水管网完成改造；全村13户建档立卡贫困户危房改造建设全部完成……

这让刘兴龙刮目相看。

让刘兴龙感到新奇的事远不止于此。从2017年8月以来，村里发生的稀奇事一件接一件。

几天前，村民吴大才用背篼背了两个大南瓜，走了40多分钟到村委会，要将其送给驻村工作队。夏强不接受，吴大才冒了火，说他"不近人情"。

刘永荣家庭困难，儿子刘俊林初中毕业就外出务工。在夏强的多方协调下，刘俊林被安排到县职教中心读书，并为其办理了享受国家扶贫教育相关政策的手续，解决了刘永荣一直以来的心病。

听说城里人稀罕野味，刘永荣专门空出两天时间，放下手中农活，捉了10斤黄鳝送给夏强，结果被拒收了。

刘永荣不甘心，送进送出好几次，始终未能如愿。2018年春节前，垫江县委主要领导走访刘永荣家时，刘永荣向领导"告了一状"。

吃"闭门羹"的不只是刘永荣。

曾有村民将自家种的时令蔬菜送去酬谢，但不是被婉言拒绝就是被夏强追出好远，硬将钱塞到衣兜里。

一来二去，村民们想了一个法子：偷偷送。

趁工作队队员出去走访，村民们就会把东西放在办公室门口，有的夹在防盗窗上，还有的看到办公室没人直接把东西从窗户丢进去。

由于不知道是谁拿来的，刘兴龙就只有先全部记录下来。

穿着筒靴走村串户

夏强不仅不拿村民的东西，还往村里送东西。

三、勤勉篇——全心全意

刚来时,村办公室条件较差,墙面发霉,只有一台办公电脑,还是坏的。夏强向县总工会申请,不仅配齐了电脑,还送来了打印机、空调。

办公设施备齐,进村的装备也不能落下。

夏强在办公室随时备着筒靴和木棍,汽车后备箱也装了钳子、扳手、铁锹等各种工具。穿筒靴为了方便走泥路,木棍是夏天拿着防蛇用的,工具箱是方便随时给群众修修补补。

夏强回忆,刚来高石村时,村里只有5公里水泥路,其余都是泥巴路,一到下雨天,路上坑坑洼洼,积满泥浆,必须要穿筒靴才能"蹚过浑水"。

农忙时节,村民白天不在家,工作队则夜访,这样既不影响村民生活生产,又能深入贫困户家中。

64岁的五保户老人余述成家里住着危房,夏强积极为他争取C、D级危房改造。2018年春节前,余述成手术出院,夏强从裴兴镇卫生院将老人接回家,给他家贴上春联挂上红灯笼,叮嘱他树立信心。

春节期间,不少外出务工的村民返乡,夏强再次迈开步子,走访慰问贫困户家庭,一方面给他们送去温暖和关怀,一方面了解他们生产生活所需。

夏强与工作队队员带着一脚泥土走进了群众生活。令夏强欣慰的是,他上任这一年多时间,村里已油化道路5公里,硬化道路8.5公里,剩下的3公里未建道路正在由镇政府筹备招标,确保两年内全村村级道路硬化全部完成。

田坎上调解纠纷

在村民吴大云看来，夏强不只是下乡能手，还是矛盾调解专家。

吴大云回忆，2017年12月26日凌晨1时，儿子和儿媳妇因买房问题闹得不可开交，要打架，怎么劝都劝不住。无奈，他只好向工作队求助。

半夜接到电话，夏强和队员二话不说，起床披件外套就立马赶到他家，对其儿子和儿媳妇进行劝解。1个多小时后，夫妻二人的情绪才缓和下来，最终和解。

夏强他们劝解完回到村委会，已是凌晨3时。

这一年多时间，类似事情对于夏强而言，早已是家常便饭。

曾有村民因工伤医药费的事情，相互拿刀威胁，夏强从村民手中夺过刀，苦心劝解，最终两人握手言和。

曾有村民因道路纠纷，扬言："不给补贴，就不准修路！"夏强和驻村工作队队员上门调解，从下午2时一直"谈判"到晚上10时，最终在其家人的共同协调下，矛盾才化解。

夏强说，只要群众来反映事情，他都会认真聆听并记录下来，然后进村走访根据实际情况提出解决方案。

除了调解矛盾，夏强还是村民心中的引路人。

2019年10月中旬，在夏强的牵头下，垫江县总工会邀请全国劳模岳龙芳，重庆市劳模黄正文、叶清源为高石村的贫困户和在家党员上了一堂生动的扶志课。

2019年11月，在垫江县总工会、县司法局和重庆贤正律师事务所的关心支持和大力配合下，夏强邀请律师来高石村开展"送法进村助脱贫"法治宣讲活动。

因为驻村工作队的到来,越来越多的机遇降临到这个小山村。

垫江县林山香料有限公司流转土地1042.7亩种植油樟,预计该项目可实现村集体经济7万元的年收益;2组村民引进外来资金投建瑞鑫现代化蛋鸡养殖场,2019年11月,鸡已经上苗快1斤重;扶贫车间已于2019年8月12日开业,运行良好……

一批"等、靠、要"思想严重的贫困户,经过大力"扶志",已陆续通过公益岗位、外出务工等方式走上了脱贫的道路。

改编自阳欣伶、陈星、杨艳:《"筒靴书记"夏强的扶贫故事》,《重庆日报》,2019年11月26日。

王祥生：
带领乡亲们在乡村振兴的
路上越跑越远

人物简介：

　　王祥生，男，土家族，1963年6月生，中共党员，重庆市石柱土家族自治县中益乡华溪村党支部书记、村委会主任。2020年获得全国劳动模范荣誉称号，2021年获得全国优秀共产党员荣誉称号。

王祥生在田间检查果树嫁接后的生长情况（谭华祥　摄）

三、勤勉篇——全心全意

在去北京接受表彰的前几天，重庆市石柱县中益乡华溪村党支部书记、村委会主任王祥生一直在村里忙活着。如今，村里黄精、脆桃、蜂蜜产业搞得风生水起，农家乐开得热热闹闹，来游玩的游客越来越多，乡亲们的腰包越来越鼓。谁能想到几年前，华溪村还是个穷山沟？

要带领父老乡亲把日子越过越好

对王祥生来说，全国优秀共产党员是一份来之不易又至高无上的荣誉，能有幸成为其中一个，他很兴奋，也很激动。"我要带领华溪村的父老乡亲在乡村振兴的路上越跑越快，越跑越远，让大家的生活过得比蜜还甜。"获得表彰后，他告诉记者。

"全村富才是真正富。"这是王祥生的父亲曾经叮嘱他的话，也正是这句话，让他下定回村的决心。

1978年，初中毕业后，王祥生做起了小生意。经过多年的诚信经营和积攒努力，他渐渐成了村里的名人和"小老板"，不仅经营到县城的中巴车，还做起了农副产品销售生意，年收入十分可观。

当时，王祥生60多岁的父亲一人身兼村文书和村支书。村里缺人手，王祥生的父亲急坏了，就打起了自己儿子的"主意"。父亲总劝他："一个人致富不是本事，带动全村人致富才是真本事。"

多次劝说之后，王祥生最终听了父亲的话，放弃了自己的生意，回到村里当起了村文书。一起做生意的伙伴说："你将来肯定会后悔。"但是，王祥生不仅没有后悔，还干起了瘾。

2004年，王祥生向村党支部提交了入党申请书。"那时候觉得入了党，就会用党员的标准要求自己，但这个标准是什么，说实话我自己都有点模糊。"王祥生说，直到他第一次参加了党支部会议，"那一次，父亲不叫我娃儿了，而是叫王祥生同志，这让我觉得，党员这个身份是严肃的，光荣的。"王祥生说，当时的场景，让他至今难忘。

当了7年村文书后，2010年，工作出色的王祥生又被全体党员选为村支书。他将"全村富才是真正富"作为座右铭，埋头苦干，带领群众养过猪，修过路，架过桥，只要是为了发展，他都肯干。对群众的需求，他尽力而为，从不嫌麻烦，不管是"鸡毛蒜皮"的小事，还是突发的紧急事，他总是第一时间赶到现场。

用心干：全身心投入扶贫攻坚战

2017年，中益乡被确定为全市深度贫困乡。面对越来越多的扶贫工作任务，华溪村一些村干部都打起了退堂鼓，相继离职，村支两委干部中，最后只剩下王祥生和一名村干部，让本来工作就非常多的他显得更忙了。在乡党委的支持下，王祥生重新调整班子结构，大胆起用2名23岁的本土返乡大学生担任村干部，带头加班，用时间换来发展的空间，有效保证了各项工作的正常运转。为了打赢脱贫攻坚战，王祥生全副精力投入村委会工作中，每天忙完了村上的工作，回到家里已是晚上。

一分耕耘，一分收获。在他的带领下，华溪村扩建升级了包括主干道在内的村公路9.4公里，其中主干道为旅游油化路面；建设人行便道10.8公里，打通农户出行"最后一米"，实现"组组通公路"和"户户通便道"。完成房屋修缮加固及人居环境整治156户，完成率达100%；实施易地扶贫搬迁39户，D级危房改造9户。建成蓄水池10口、山坪塘3口、移动通信站4个，实现农网改造全覆盖，有力保障了全村群众饮水、通信、用电等生活需求。

探索"三变"改革试点

2017年12月，在市委的关怀下，华溪村和全市其他37个村一道，作为首批试点村开展"三变"改革。以"资源变资产、资金变股金、农民变股东"为主要内容的"三变"改革试点，很快在华溪村如火如荼地开展起来，并取得成功，实现了"村办企业盈利、集体经济壮大、广大村民增收"的村域经济发展良性格局，形成了"企业有钱赚、集体有经济、村民能致富"的"三方共赢"长效态势，成功打造了"企业盈利+集体壮大+村民富裕"的利益联结机制，不仅使村集体经济收益的壮大得到了保障，还彻底保证了村民稳定脱贫致富。

村办企业和集体经济组织建起来了，蜂蜜、黄精、辣椒、土猪、肉牛、山羊等产业发展起来了，太极集团等龙头企业纷纷进驻华溪村，办起了收购点，定向采购特色农产品。

2021年4月15日，华溪村集体经济迎来了第三次分红。去年华溪村集体公司农特产品销售突破了2000万元，利润达到200万元。

如今的华溪村，已经成为市级乡村振兴试点村，春天有花，夏天有果,秋天有蜜,冬天有研学课堂。

村里的日子越过越好,王祥生没有满足。他说,现在正是脱贫攻坚与乡村振兴有效衔接的过渡阶段,自己将珍藏荣誉,带领全体村民继续"感恩奔跑",向着乡村振兴的美好明天奋力前行。

改编自佘振芳:《要带领乡亲们在乡村振兴的路上越跑越远》,华龙网2021年7月1日报道。

孟 玲：
甘作脱贫攻坚道路上的一粒"小石子"

人物简介：

孟玲，女，汉族，1986年5月生，中共党员，重庆市江津区西湖镇扶贫开发中心负责人、镇团委书记。2021年获得全国脱贫攻坚先进个人荣誉称号。

孟玲（郑宇 摄）

2021年3月2日，江津区西湖镇百燕村一处院坝内坐满了村民，西湖镇扶贫开发中心负责人、镇团委书记孟玲拿出工作本，询问他们的近况："各位乡亲，最近有遇到什么困难吗？"

话音刚落，百燕村三组脱贫户秦昌文头一个站起来发言："我现在没有困难，自从发展生猪养殖产业，日子越过越有奔头，就等着圈舍里的母猪下崽儿嘞！"一席话，引得在场村民拍掌大笑。

我来帮扶这几户

孟玲作为镇扶贫开发中心负责人，除了统筹全镇脱贫攻坚工作，还主动认领帮扶4户贫困户，秦昌文就是她帮扶的其中一户。秦昌文的妻子患有严重的慢性病，基本没有劳动能力，儿子正在读大学，家庭收入比较困难。2019年1月，孟玲多次与秦昌文沟通，了解到他一直有发展生猪养殖的意愿，奈何无钱购买猪崽。作为秦昌文的帮扶责任人，孟玲为他争取到帮扶资金，助他购买了4头猪崽。

"销售也是孟书记帮我联系的买主。"秦昌文介绍，2019年12月，在孟玲的帮助下，他一次性售出3头生猪，收入18000多元，"我现在手头有本钱了，儿子也快大学毕业了，以后的日子会越来越好。"

院坝会是一个交心谈心的好平台，门前几张长板凳，群众坐成圆圈圈，大家就能畅所欲言。

在脱贫攻坚中，孟玲经常和帮扶干部一起到村社开院坝会，真实掌握了贫困群众的实际困难和发展思路。"我想发展养猪就是没本钱""今年我的李子不好卖""我想就近找个工作方便照顾孩子上学"……群众反映的问题,她和帮扶干部都仔细记录在小本上。从村里回来后,她又忙着汇总意见,和帮扶干部一起想办法为群众解决实际困难和具体问题。"只要群众有动力,我们就要鼓励,只要能勤劳致富,我们都不遗余力。"这是孟玲在工作中最常说的一句话。

农家妹,不怕苦

孟玲出生在一个普通农民家庭,大学毕业后,她以大学生村官的身份返回农村工作。2018年,育有两名孩子的孟玲服从组织安排,承担起了西湖镇脱贫攻坚的落实和执行工作。"我是农家妹,不怕苦,我是共产党员,不能退。"孟玲说,自己甘愿成为脱贫攻坚道路上的一粒"小石子"。

为尽快熟悉扶贫工作,孟玲带头学政策、抓业务,不会就学、不懂就问,从"两不愁三保障"硬性指标到贫困户进退识别,从扶贫产业扶持到小额信贷等一系列政策的学习,使她在较短的时间内从政策"菜鸟"变成了政策"老司机"。

业务基本功的提高让孟玲更有信心为大家宣传政策、指导业务,同全体帮扶干部一起做好扶贫工作。无论面对帮扶干部还是贫困户的问题咨询,她都认真对待,耐心解答。

为确保贫困户分户档案、帮扶手册等档案资料的准确性,孟玲与扶贫专干一起逐户核查。白天走基层、进农户,晚上登台账,细心筛查,严格对标,对疑似贫困群众,她总是亲自上门调查复核。

"不能因麻痹疏忽,让任何一个贫困户在脱贫路上掉队。"孟玲说。几轮排查下来,西湖镇的贫困户无一人错评,无一人漏评。

"我们既是帮扶干部,也是帮扶亲戚。"孟玲这样形容她与帮扶对象的关系。

平日里,孟玲在走访时和贫困户一起打扫卫生,宣传农村人居环境整治;一起干活,关心了解农耕生产;一起炒菜做饭,帮忙打个"下手"。看到村民屋中堆放的猪草还没切碎,她赶紧帮忙;看到贫困户家禽散养,影响环境卫生,她过两天就送来了鸡笼;春节临近,她又送来春联和祝福……"孟书记闲不住,她帮了我们太多忙了!"乡亲们这样评价她。

江津区西湖镇地处骆来山山区,农业有基础,但产业不算发达。孟玲与驻村工作队、村居"两委"、群众代表商讨扶贫产业发展,经过多次走访调研,科学选定并引进发展种植了金银花、茶叶、魔芋等作物3000余亩。在此过程中,孟玲参与农企谈判,最大程度为群众争取利益。同时,孟玲邀请产业专家到田间地头现场指导,开展种植技术培训,帮助群众解决产业发展中的技术难题。

团干部就要有青春活力

作为一名团干部,孟玲还把共青团工作同脱贫攻坚工作结合起来,协助贫困村利用新媒体开展直播带货,助推贫困村特色农产品销售。

2020年,面对突如其来的新冠肺炎疫情,孟玲第一时间为困难群众送去了防疫物资,农忙春耕她还多方协调备农资,群众失业

三、勤勉篇——全心全意

她又收集岗位推就业,全力帮助困难群众复工复产。"群众脱贫过程中的困难千千万万,只要紧盯问题,久久为功,问题终会一一解决,脱贫就会多分胜算。"孟玲说。

为了激发贫困群众的脱贫斗志,孟玲组织青年志愿者开展农村精气神培训。与此同时,孟玲还开展脱贫攻坚志愿服务、宣讲脱贫攻坚政策和实用技术培训,为贫困群众推荐就业岗位。此外,孟玲还依托"青少年之家",常态化开展志愿服务、"四点半课堂"等活动,充分发挥"青少年之家"线上线下引领凝聚青年、组织动员青年、联系服务青年的作用。

2021年,西湖镇建档立卡贫困户712户2340人实现脱贫摘帽,脱贫户家庭年人均纯收入达11751元。"我参与了人类历史上最伟大的脱贫事业,并且在镇党委的领导下,统筹推进全镇扶贫开发工作,如期实现全镇贫困人口稳定脱贫,这是我最有成就感的事情。"孟玲说。

在全国脱贫攻坚总结表彰大会上,孟玲荣获全国脱贫攻坚先进个人称号。她说:"作为团干部,就要有青春活力,风风火火做事,扎扎实实办事。未来我将继续扎根基层,全力以赴服务群众,推进脱贫攻坚与乡村振兴有效衔接,带领乡亲们奔向幸福新生活。"

改编自苏畅:《甘作脱贫攻坚道路上的一粒"小石子"》,《重庆日报》,2021年3月3日。

杨 懿：
"甩手"书记治村记

人物简介：

　　杨懿，男，汉族，1980年4月生，中共党员，重庆市司法局机关党委专职副书记，重庆市武隆区后坪乡白石村驻村第一书记。2021年获得全国脱贫攻坚先进个人荣誉称号。

杨懿（中间拿手机者）给乡亲讲述网上销货的方法（李政 摄）

三、勤勉篇——全心全意

刚到白石村时,杨懿的做事风格让村民们摸不着头脑。村民私下议论,这个新来的驻村第一书记像个"甩手掌柜"。

村民蔡万田提一筐鸡蛋,上门找杨懿。那是3年前,50多岁的老蔡刚当上村民小组长,干劲足,琢磨着带全组村民开出一块荒地种庄稼。撒什么种结什么瓜,种什么是头等大事。老蔡请城里来的扶贫干部杨懿拿主意。

杨懿笑着听老蔡讲完,没说种什么,而是请老蔡回去召集全组村民开会讨论,种什么村民自个儿定。

遇到这么个"甩手不管"的干部,老蔡感到纳闷,出门前,杨懿又把鸡蛋塞了回来。

深山沟沟里的白石村地处武陵山区,是重庆市18个深度贫困乡镇之一的武隆区后坪乡的深度贫困村。2017年底,重庆市司法局干部杨懿到白石村驻村扶贫。走访时他听老百姓说起,当初村里统一搞了几个项目,效益不佳,村民抱怨不少。这次选产业,杨懿下决心"放权",让村民自己做主。

老蔡把村民喊到一起开会,村民们抢着发言,将几个品种逐一比较:辣椒,采摘期村里没那么多人力;红薯粉,对加工技术要求太高……最终,大家意见统一:种南瓜!小组40多户人按下手印,成立了南瓜专业合作社。

杨书记"甩手"甩出一个合作社,老蔡又当上理事长,兴致勃勃想大干一场。可约好一起开荒的日子,只来了5户人;等到"凑份子"买种子时,合作社里的村民又不想出钱。老蔡找到杨懿,想请杨懿想办法先把钱垫上。

这一次,杨懿还是"甩手不管"。他对老蔡说,钱不能给,发展南瓜产业,光靠政府补贴、扶贫干部使劲还不够,老百姓得有内生动力才行。买种子是一个契机,每一户都出点钱,才会把种南瓜当成自家的事。

老蔡明白了,杨懿明里"甩手",可每次出的点子都管用。按照杨懿说的,老蔡又开了一次会,合作社留下来27户人,每户凑300元,作为启动资金。

老蔡并不知道,杨懿从一开始就在给南瓜合作社"护航"。老百姓选择种南瓜,他找到专家问意见,又帮忙找销路;没人开荒,他请出3位70多岁的老党员,带头上山锄杂草……

窝子一个个挖出来,南瓜苗种下了地。但合作社刚走上正轨,又出了事。开会核对工分时,合作社里一名贫困户说给自己少记了一天,一把将账本抢过来撕碎。

老蔡又去求助杨懿。这一次,杨懿没有"甩手"。曾在司法局工作,调解纠纷是他的强项。调查清楚事情的来龙去脉后,他和撕掉账本的村民谈了几个小时,村民主动认错。趁着这个机会,他还帮合作社制定出管理制度"约法三章"……

由于是自己选的项目,大家干得起劲儿。2019年11月,合作社种的南瓜大丰收,亩产3000多斤,总收入12万元。

此后,在杨懿的帮助下,白石村的9名留守妇女,包括4户贫困户,成立了"九个山嫂"生态农业合作社;返乡青年吴小强搞起了香瑶土鸡合作社,年出栏土鸡8000多只,利润30多万元,带动7户贫困户脱贫。

村民们渐渐知道,驻村干部"大包大揽"不一定是好事。杨懿的"甩手",不是放任不管,而是尊重市场经济规律,鼓励他们发扬民主精神,最终选择一条真正适合自己的脱贫攻坚之路。一旦他们真的遇到困难时,杨懿不会真"甩手",总会及时出面帮助解决

三、勤勉篇——全心全意

问题。

刚驻村时，杨懿的头发黑又密，如今刚40岁的他，两鬓已生出不少白发。3年来，在驻村工作队队员、村干部以及全体村民的共同努力下，全村产业因地制宜，林果、蔬菜"长短结合"，蜂蜜、瑶鸡"比翼齐飞"，累计销售额达300余万元，集体经济收入突破20万元。

老蔡也成了村里的致富带头人。申报补贴需要哪些票据，板栗南瓜如何育苗，老蔡搞得"麻溜"。2020年，南瓜合作社的收成比去年还要好，每户平均分红7000多元。不久前，老蔡联系当地几个大客户，卖出一卡车2万多斤南瓜。

杨懿笑着说，这是老蔡自己拉的销售业务，他之前都不知道。现在，他离真正"甩手"不远了。

改编自周文冲：《"甩手"书记治村记》，新华网2020年12月22日报道。

匡后明：
"石锣奇迹"领头人

人物简介：

匡后明，男，汉族，1951年7月生，中共党员，重庆市巫溪县中梁乡石锣村党支部书记。2021年获得全国脱贫攻坚先进个人荣誉称号。

匡后明（右）和资金互助社会计核对账目（冉春轩 摄）

三、勤勉篇——全心全意

2019年9月25日一大早，68岁的匡后明不顾老伴的阻拦，一瘸一拐地走进核桃林里。

一个多星期前，他在核桃林重重地摔了一跤，右腿摔伤下不了床。女儿将他接到县城医院检查治疗后，他又赶紧回到了村里。

1969年起，匡后明先后担任巫溪县中梁乡石锣生产大队会计、生产大队队长职务。后来，生产大队改为石锣村后，他又当选为石锣村村支书。之后的33年里，他先后历经11次村级组织换届，几乎每次都是全票当选。

这几年，匡后明一头扎进核桃林里，从嫁接到管护、从采摘到烘干，事事亲力亲为，就是希望在退休前给村民留下个"稳得住"的增收产业。

通电通水通路　他带领村民创造"石锣奇迹"

匡后明所在的石锣村位于大巴山深处，海拔600—1600米，距离中梁乡政府20公里，距离县城72公里。

20世纪90年代，石锣村和大多数大巴山深处的村庄一样，不通水、不通电、不通路。中梁乡6个村1个社区，石锣村条件最差。

是"等靠要"还是自己动手干起来？1996年，匡后明带着村民从山下抬电杆上山。上山只有一条羊肠小道，10多个汉子抬着一根电杆，攀悬崖、爬绝壁，硬是将100多根电杆抬上了山，偏远落后的石锣村在全乡几个村中率先通了电。

修路，同样是村里人共同的愿望。县里的修路指标遥遥无期，匡后明决定不再等待。1999年，他动员村民们投工投劳、集资修路，带领七八百村民硬是在悬崖上挖出了一条17公里的毛坯路。修路用的石磙子重达上万斤，120个精壮劳力上阵，硬生生地靠人力将万斤巨石拉上了山。1999年春天公路动工，2000年初修通，不到一年时间里，村民人均投工150多个。

那个年代，几乎全靠人力从悬崖峭壁上修出了17公里的路，石锣人在巫溪县创造了奇迹。石锣人不等不靠、艰苦奋斗的精神也被县里提炼为"石锣精神"，成为全县人学习的楷模，象征"石锣精神"的石磙子至今还在山下的河滩边。

2001年，匡后明又带着村民拉水管、修水池，条件最差的石锣村在全乡率先实现了通水、通电、通路。

养羊烤烟种核桃　村里的产业他样样领头

1969年，匡后明在石锣生产大队担任会计时，村民们最大的愿望是填饱肚子。

那时村民们的口粮是苞谷、洋芋、红苕"三大坨"。匡后明一头扑在种植技术上，用3年时间让"三大坨"平均亩产增加到900斤，让村民们不再饿肚子。

前些年，县里动员村民们养山羊，匡后明率先养了50多头。小羊养大后，他把母羊免费借给村里没有本钱买羊的贫困户，贫困户将母羊养到下崽后，第二年还他一只母羊即可。匡后明养了五六年羊，在栏的常年50多头，借出去的倒有百把头。有人养羊致了富，第二年便还了母羊；有的技术不过关，母羊便还不上，至今还有好几十头借出的羊没还，他也不在意。

三、勤勉篇——全心全意

这几年，匡后明成天泡在核桃林里，老伴经常念叨他"着了魔"。

这几十亩核桃是退耕还林时栽下的，由于品种和管护技术等原因，一直没效益。匡后明外出考察过，核桃耐储存、能加工、营养价值高，是个长久的致富产业。2014年，匡后明争取到县里的政策，可以嫁接改换品种。但多数村民不肯。于是，他和几名村干部带头拿出自家土地搞示范，才好不容易发展了300亩。

为了种好这批核桃，年近七旬的他外出学技术，还组织村民成立了管护队伍，对核桃进行统防统治，像对"心肝宝贝"一样上心。

2019年，核桃进入盛产期，石锣村的核桃林里挂满了沉甸甸的青色果实，一棵树能打100斤核桃，能卖1000元钱，一亩地15棵核桃树，不少村民在算这笔增收账。匡后明很高兴，因为这笔账一算，村干部不用再动员，村民便会主动嫁接核桃了。

扶危济困搞产业　一个资金互助社盘活一个村

前几天，石锣村70岁以上的老人聚集到村委会门口免费理发。剃头匠是村里花钱从乡上请来的，每半个月准时来一次，理发的钱由村集体支付。不仅如此，今年村集体还要出钱为村民们硬化入户路。

石锣村集体经济的收入，来自资金互助社收益资金按比例所分得的红利，主要用于村里惠民便民、扶危济困、救急救难等"刀刃"事项。去年，村集体还建起了冻库、熏腊肉的炕房，今年又购买了核桃烘干机,带动了村里生猪、核桃等产业的良性发展。

2009年,在当地政府的支持下,匡后明带头在村里成立了资金互助社,将财政扶贫资金和村民互助资金整合为生产发展资金,采取村集体入会和村民入会的形式,解决贫困村生产发展资金分散和短缺的问题,村民们形象地称它为"草根银行"。

靠着从资金互助社两次借来的启动资金,五社贫困户乔光荣通过发展烤烟和山羊摘掉了贫困户"帽子";贫困户乔玉联也靠着从资金互助社借来的2万元建起了农家乐,现在一年收入可达1.5万元……

2019年,石锣村资金互助社的资金规模从2009年的15万元扩大到260余万元,从中受益的群众达到150户800余人。

改编自龙丹梅:《"石锣奇迹"领头人 产业脱贫当先锋》,《重庆日报》,2019年10月14日。

白天树：
让贫困户过上"甜蜜"好日子

人物简介：

白天树，男，土家族，1962年7月生，群众，重庆市秀山土家族苗族自治县川河盖蜜蜂养殖专业合作社理事长。2021年获得全国脱贫攻坚先进个人荣誉称号。

白天树在检查蜂箱（鲁诗勤 摄）

"马上就要到育种期了,一定要做好蜂群的人工育种和选种。"2019年3月22日,秀山县川河盖蜜蜂养殖专业合作社理事长白天树带着技术人员,来到秀山县石耶镇,为当地贫困户讲解蜜蜂育种的关键技术。在接下来的半个月时间,他还要走遍该县10多个镇乡村,将技术带给每一个需要的养蜂户。

从贫困户,到年入数十万元的养蜂大户,白天树没有忘记身边的困难群众,将更多精力放在了免费指导他们养蜂致富上。当白天树获得2018年全国脱贫攻坚"奋进奖"的消息传到当地,大家纷纷赞道:白天树实至名归。

坚持养蜂数十年

白天树家住秀山县龙池镇白庄村,小时候家里穷,为了增加家庭收入,他从14岁开始养蜂。

说起自己的养蜂经历,白天树很感慨。他说,开始不会养,每年养蜂都赚不了多少钱,有时还要亏本。为了养家糊口,他还做过裁缝、木匠,种过蔬菜,当过村医。其间,养蜂从未间断,慢慢地他也积累了不少技术和心得。

开始大规模养蜂是在1998年,当时为了供孩子读书,本来家庭经济状况就不好的白天树家,负担更加沉重,被认定为贫困户。当地政府在制定"一户一策"方案时,将养蜂作为了他家的脱贫产业,白天树开始专心养蜂。

"那时候,养蜂效益时好时坏,原因是多方面的。"白天树说,"首先就是技术不过关,在环境的选择、育种、蜂房搭建等很多环节,都存在不足;其次是资金,有时没赚到钱,甚至亏本,很难有多余资金扩大养蜂规模;第三是市场,那时产出的蜂蜜主要在本地销售,价格时高时低。"

于是白天树一个问题一个问题地想办法解决,白天踏入山林寻找蜜源,深夜还在研究养蜂技术。其间,家人不理解,他还是坚持了下来,并最终收获了成功。

2006年,依靠养蜂,白天树摘掉了"贫困帽",其蜂群规模从最开始的20群、30群,到后来的50群、80群,最终稳定在150群,年收入数十万元,成为了渝东南小有名气的养蜂大户。

出钱出技术带乡亲抱团养蜂

白天树年入数十万,让不少乡亲看到了养蜂产业的巨大潜力,也有人慕名而来学习养蜂技术,其中不少是贫困户。"这让我看到了当年的自己,所以,我想在自己的能力范围内,多帮帮他们。"白天树说。

2010年,白天树成立了秀山县川河盖蜜蜂养殖专业合作社,带领更多乡亲一起养蜂。白天树还以赊销供种模式,为创业的贫困户提供蜂种、器具,减轻蜂农创业压力。2014年,大溪乡丰联村建卡贫困户姚本军的两个孩子先后考上大学,家庭经济压力剧增。白天树伸出援手,为其提供价值3万元的34群中华蜜蜂种群。在白天树的帮助下,短短1年多时间,姚本军的蜂群发展到100余群,年收入10余万元,成功脱贫。与姚本军一样,在合作社中,已有166户贫困群众靠白天树赊销供种,实现了"无本"创业。

为了让贫困户能养好蜜蜂，白天树对加入合作社的蜂农全部进行免费养蜂技术培训，2019年已累计培训蜂农1200余人次，并依托技术骨干为蜂农当好技术"保姆"，全程跟踪，随叫随到。

截至2019年，合作社共发展蜂农293户，其中建卡贫困户166户，发展中华蜜蜂5000余群，不少养蜂门外汉变成了行家里手，靠养蜂脱贫致富。

做大做强自有品牌

虽然合作社发展欣欣向荣，但白天树不敢掉以轻心。

"如何占领市场，让蜂蜜卖上更好的价钱，关系到每一个蜂农的切身利益。"白天树说，"我既然带大家走上了养蜂这条路，就有责任和义务让大家过得更好。"为此，合作社开始在加工、品牌和电商方面发力，着力做大做强品牌，畅通更多销售渠道，提升合作社蜂蜜附加值。

通过几年的努力，合作社"川河盖"商标已经被评为"知名商标"，还荣获中国旅游商品入围奖。目前，合作社正在加快推动"秀山蜂蜜"地理商标的创建。

在加工方面，合作社建成现代化加工厂及包装厂房1000余平方米，有种蜂场2个，年供种3000余群，年产值近1000万元。在拓展销售渠道方面，合作社建立了微信公众号等新媒体，并依托重庆市扶贫电商平台"网上村庄"和秀山云智科贸平台优势，实现蜂蜜产品网上销售，进一步提高了产品的知名度和附加值。

"希望通过我的努力,大家能养出更多的优质蜂、过上更'甜蜜'的好日子。"白天树满怀信心地说道。

改编自王翔:《让贫困户过上"甜蜜"好日子》,《重庆日报》,2019年3月23日。

四、真情篇

——爱意涌流

马善祥：
"一辈子做群众需要的人"

人物简介：

马善祥，男，回族，1956年11月生，中共党员，重庆市江北区观音桥街道人民调解委员会"老马工作室"负责人。2014年获得"时代楷模"荣誉称号，2018年获得"改革先锋"荣誉称号，2019年获得"最美奋斗者"荣誉称号。

马善祥（左二）和社区群众在交流（崔力 摄）

2014年11月26日上午9点，老马刚到办公室，就听到外面吵吵嚷嚷来了十几个人，出来一问，原来是一起工伤事故，双方因赔偿问题产生了矛盾。老马面带笑容把他们迎进"老马工作室"，让座倒水，倾听记录，了解情况后开始进行调解。经过老马于法有据、入情入理的调解，双方终于达成了一致，当天下午就在调解协议上签了字。来不及休息，老马又赶赴下一场关于拆迁赔偿的调解……

紧张忙碌，马不停蹄，是老马工作的常态；群众带着怨气来，带着满意走，是"老马工作室"的写照。

老马名叫马善祥，出生于1956年，是重庆市江北区观音桥街道办事处调研员，也是"老马工作室"负责人。从事基层人民调解工作和群众思想工作26年来，马善祥带领他的团队成功调解各类矛盾纠纷2000余起。

"我把群众感情永远放在第一位"

"父亲对外人比对家人好。"老马的儿子马仁驹曾经一度对父亲不理解，每当这时，老马总是纠正他："那不是外人，是群众！"的确，老马从来不把群众当外人。

人民调解工作就是跟老百姓打交道，老马从干上这一行开始，就给自己立下了接待群众的24字规矩："起立迎接，请坐倒水，倾听记录，交流引导，解决问题，出门相送。"不仅如此，在老马的办公室，经常会遇到这样的场景：冻得发抖的群众穿走了他的衣服、围走了他的围巾；病了的、饿了的、迷路了的群众从他这里

"借"走了钱、拿走了他桌上的常备药,吃光了他刚从食堂打来的午餐……

有一次调解纠纷,一名当事人因病住进医院,老马去医院看他,见他腰痛,就帮他揉腰,边揉边聊,揉了半个小时,缓解了病痛,也解开了心结。

来找老马的群众都说,老马是发自内心地尊重我们,让我们感受到尊严和温暖。

"老马工作室"工作人员王俊给记者讲了这样一个故事:辖区有个吸毒多年的老赵,从戒毒所出来后,工作没了,婚也离了,抱着"破罐子破摔"的心态,他找到了老马。交道一打就是8年。老马先是帮着老赵落实了安置房,又四处帮着找工作。现在的老赵不吸毒不赌博了,还在街道当志愿者,最近又谈上了恋爱。老赵逢人就说:"是老马让我过上了正常人的生活。"

老马常说,困难群众生活过得去,我们当干部的良心上才过得去!2012年,因为年龄原因,老马不再担任领导职务,他提出的唯一要求就是:"不要让我离开群众工作、思想工作这个老本行。"

"为群众办好事需要思考和琢磨"

老马有个观点:在基层,一名群众往往一辈子就找干部办一件事,这件事办好了,群众就可能一辈子记党和政府好;这件事办得不好,群众就可能一辈子记党和政府不好。为群众办好一件事,需要很多思考和琢磨。

20多年来,老马习惯于通过写工作笔记思考工作、琢磨事情。

就这样,老马"琢磨"出了148本、520多万字的工作笔记,总结了60多种群众工作方法。

在"老马工作室",记者看到了书柜里满满一层的笔记本,每本上面都标明了时间和序号。"其中既有对自身修养的感悟,也有对工作的思考,还有对解决各种具体矛盾纠纷的总结。"老马说,比如对婆媳矛盾,他总结出了"坚持尊老爱幼、保持适当距离"的调解原则;对医患纠纷,他总结了"倾听患者痛苦、理智判断真相、着眼今后生活"的处理方法;对于利益纠纷的调解,他总结了"不满意、能接受"的处置原则……

一次,有对夫妇为安置房分配来找老马调解。老马了解情况后,判断是丈夫做错了。但他没有简单批评,而是先表扬了丈夫对家庭的付出,之后才说了自己对这件事情的看法。由于有表扬铺垫,再加上语言比较委婉柔和,丈夫很快就接受了老马的意见,放弃了自己原来的想法,连声道谢带妻子走了。

"老马为我们树立了榜样,我们要把这块受群众拥戴的金字招牌擦得更亮。"观音桥街道党工委书记蒲丽娟说。2012年,街道以老马为首席调解员,以综治干部、物业管理办公室的工作人员为骨干,以20个社区的调解员为基础,成立一个从事社区思想工作和调解工作的专业团队——"老马工作室",特别是在老马总结的60多种具体方法基础上,提炼形成了一整套"老马工作法"。

这套方法,包括了"民为本、义致和"六字理念、"法理情事"十三要则、"3441"四大保障制度和"老马三十六策"等四个层面。

四、真情篇——爱意涌流

"我是能帮助你解决问题的人,是你需要的人"

有人问老马,你每天接触社会矛盾、社会问题这些"负能量"的东西,怎么保持昂扬向上的心态?有着30多年党龄的老马这样回答:"群众需要干部带头做好人,我就要带头践行社会主义核心价值观。"

马仁驹告诉记者:"在家里父亲也给我们定下了一个'四不谈'的家规:不谈钱、不谈车、不谈房、不谈社会不良现象。"面对这样的家规他有时都不知道怎么和父亲说话了,但让他不得不敬佩的是,父亲同时给自己定下了每天要做的四件事:拖地、洗碗、熨衣服和为妈妈揉腰。"感受到他对家庭的担当,也就能理解他对工作、对做人的追求。"

"生活上降低一个标准就永远生活在幸福之中,工作上提高一个标准就永远具有前进动力。"在日记中,老马这样总结他的修身之道。

在同事们眼里,老马既是个工作起来很忘我的人,同时也是个热爱生活的人,爱学习、爱唱歌,锻炼身体也是他的一大爱好。无论是工作中还是生活中,老马总是笑呵呵的,他经常说,自己是一个幸福的人。

在老马的笔记本里,记者看到了这样一段话:"20多年来我一直在服务群众的第一线,长期为上访困难群众排忧解难,也让我处于一种愉快的工作状态和生活状态中。每当解决一个问题,让双方从困境中解脱出来,我就觉得很欣慰,那种如释重负的感觉很美妙。"

有一次,老马到北京处理一个上访问题。上访人问老马:"你是什么职务、什么级别?"老马回答:"我的职务和级别都不重要,关键我是能帮助你解决问题的人,是你需要的人。"

"做群众需要的人,不是一阵子,而是一辈子。"2014年接受记者采访时,老马说,"我已经58岁了,虽不敢说'老骥伏枥,志在千里',却敢说只要群众遇到困难,问谁是老马的时候,我一定会毫不犹豫地站出来告诉他:'我,就是老马!'"

改编自崔佳、李坚:《"一辈子做群众需要的人"》,《人民日报》,2014年11月28日。

冉绍之：
为了移民的根本利益

人物简介：

冉绍之，男，汉族，1953年5月生，中共党员，重庆市奉节县移民局原副调研员。2018年获得"改革先锋"荣誉称号，2019年获得"最美奋斗者"荣誉称号。

冉绍之载誉归来（崔力 摄）

2000年，党中央公示100名改革开放杰出贡献拟表彰对象，冉绍之名列其中。冉绍之在奉节县接受重庆日报记者独家专访时表示："作为一名基层干部，国家给了我很多荣誉，我发自肺腑地感谢党多年来对我的培养，感谢党对三峡库区的支持，感谢党对三峡移民的关心！"

冉绍之时刻牢记移民根本利益，在安坪乡三沱村探索出农村"就地后靠安置"的移民路子，既完成了党和人民交付的任务，又受到移民爱戴，被誉为"移民先锋"。

冉绍之从1993年开始参与移民搬迁工作，先后任安坪乡（现安坪镇）乡长、党委书记，县移民局副局长、副调研员，县移民局退休党支部书记等职，一直坚守在移民战线上。

真心换真情　"换根板凳坐"

1993年，时任安坪乡党委书记、乡长的冉绍之接到首批三峡移民试点乡任务，为找到移民试点开荒安置的地方，刚上任的冉绍之对该乡境内的30多公里长江江岸线作了5次勘察。

冉绍之给自己定下一条原则：在坚定地推进移民工作的同时，要尽可能地替移民着想，要和移民"换根板凳坐"。他分析移民工作中碰到的困难后认为，一些移民不愿搬迁主要是对三峡工程的意义、对国家的政策不了解，只要我们心里想着移民利益，为移民解决实际问题，再加上细致的宣传教育和耐心的说服工作，移民是会搬迁的。

接触过冉绍之的人都觉得他身上有一种强大的人格魅力。对于

四、真情篇——爱意涌流

这位学历不高、讲着一口本地方言的基层干部来说，这魅力来自何方呢？他似乎与农民有一种天然的亲和力。他说着他们听得懂的方言，开着他们之间能够心领神会的玩笑，几句话就能和他们打成一片。群众觉得他很亲近，心里有事愿意讲给他听。当地干部群众评价冉绍之："他是一个'四实人'——为人诚实、做事老实、说话巴实、工作扎实。"

三沱村是一个成建制的移民村。1995年12月，安坪乡三沱一社和九社的移民为开发的土地入户问题和移民干部发生纠纷。得知这一情况后，冉绍之心急如焚，连夜赶去调解，及时平息了事态，终于将土地落实到了移民户。吸取这件事的教训，冉绍之他们研究确定了在土地分配上实行"好地七成安置移民，三成留给社里，低产地五五开"的分配原则。三沱村对新开发土地统一进行规划，决定全部种植林木，海拔600米以下种优质脐橙，600米以上种板栗、核桃等经济林和松、柏、杉等用材林。后来这种分配及改土造田的方法在全库区得到推广。

闯出移民致富路 "就地后靠"

在奉节这样自然条件比较恶劣的地区，移民搬迁后怎样发展，怎样逐步走向富裕？一接手移民工作，冉绍之就开始思考这个问题。他知道，只有实实在在地解决了移民搬迁后的发展致富问题，移民才能真正"安稳"，库区才能长治久安。

结合当地山高沟深、交通不便、环境封闭的问题，考虑到自然资源优势和本地盛产闻名中外的奉节脐橙等特点，联想沿江移民公路兴建后的局面，冉绍之首先提出了"就地后靠安置"的移民思路。

所谓"就地后靠安置"，就是将三峡工程蓄水以后淹不到的荒山坡改成田土，让移民在这里重建自己的新家园。

与此同时，为改变长期形成的粮猪型产业结构，安坪乡借移民迁建契机，调整经济结构，利用全乡拥有30多公里长江江岸线的优势，鼓励移民发展私营运输业务，安坪乡有了50多艘几十吨到500吨不等的客货船。移民公路贯通后，私人购买客货车近百辆，促进了运输业的发展。

"就地后靠安置"在奉节县乃至全库区推广，有效地推动了移民工作的开展。

管好移民资金　"打铁还要自身硬"

安坪乡移民任务重，移民建设项目多，当时涉及移民资金3000多万元。冉绍之深知，移民资金属于全国人民，每分钱都必须用在移民身上。管好用好移民资金，是重大的政治责任。否则，既无法向三峡移民交代，也无法向全国人民交代。冉绍之坚信，只有严密的制度和有效的监督才能堵塞漏洞、杜绝腐败，才能保护移民利益。

上级规定移民工程款项实行乡长"一支笔"审批，冉绍之觉得仅靠自己"一支笔"还难以保证万无一失，便创造了"五支笔"联审制度。即由工程承包人先根据工程进度写出拨款申请书，交工程指挥人员签字证明，然后交移民专干审核签字，再由乡财税所会计

四、真情篇——爱意涌流

对照合同填写拨款申请书，经移民工作站站长审查签字，再报经乡长审批后才能拨款。

冉绍之还公开宣布："凡与我有亲戚关系的人，一律不得承包移民工程，请大家监督。"

为确保移民资金专款专用，冉绍之还严格实行"三个不准""四个监督"，即不准将移民资金用于与移民安置规划无关的项目，不准随意调整移民工程项目，不准挪用移民资金作为行政开支；主动接受人大的监督，接受纪检监察机关、财政、审计部门和银行的监督，接受移民群众监督，接受新闻舆论监督。

1997年，冉绍之被国务院三峡工程建设委员会评为三峡移民资金管理先进个人。他所领导的安坪乡人民政府也被评为三峡移民资金管理先进单位。

"我们的责任就是让移民逐步过上好日子！"1999年12月11日下午，在三沱村，冉绍之看到这里的变化十分欣慰……

改编自张国勇：《为了移民的根本利益》，《重庆日报》，2000年7月5日。

李玉珍：
"我只是党培养的一个普通孩子"

人物简介：

　　李玉珍，女，汉族，1929年9月生，中共党员，重庆市江北区离休干部、区委老干部局改制企业离休干部党支部书记。2019年获得全国离退休干部先进个人荣誉称号，2021年获得全国优秀共产党员荣誉称号。

李玉珍在做"永远跟党走"巡回宣讲报告（罗斌 摄）

四、真情篇——爱意涌流

"今天庆祝我们党的生日，心里特别激动！"2021年7月1日，全国优秀共产党员、重庆市江北区离休干部、江北区委老干部局改制企业离休干部党支部书记李玉珍，观看完庆祝中国共产党成立100周年大会直播后，在江北区老干局组织的座谈会上饱含深情地说。

这天，她早早地来到江北区老干局，和近百名老同志一起，观看电视直播，共贺党的百年华诞。

一腔祝福溢心间——在重庆为党庆生

李玉珍，今年92岁，73年党龄。本应在北京庆祝大会现场观礼，但因怕自己年纪过大，给组织增加负担，她决定留在重庆祝福党的生日。

"是我们党团结带领人民浴血奋战、自力更生，实现了中华民族从站起来、富起来，到强起来的伟大转变！除了人民还是人民，只有共产党是把人民摆在最前面的。"座谈会上，说到动情处，李玉珍的眼眶湿润了。

对于自己获得的荣誉，李玉珍将其悉数归功于党的培养教育。她说："我只是党培养的一个普通孩子，没有党的培养教育，就没有我的今天。"

亲眼见证过众多战友用生命坚守共产主义信仰的她认为，作为共产党员，必须随时准备为党和人民牺牲一切，要有为党和人民无私奉献的精神。她说，现代社会发展变化很快，如果没有奉献精神，不能紧跟党、紧跟时代，就称不上是一个合格的党员。

在建党百年这个特殊日子，她向党深情告白："作为一名共产党员，我感到很幸福。我一定牢记党恩，紧跟党走，好好按照我的誓言，勤勤恳恳地做我力所能及的工作，为党的事业奋斗终生！"

一段岁月照忠心——含泪为200多名烈士收殓遗体

李玉珍如何与党结缘？

李玉珍回忆，得从1944年说起。那时她15岁，但连小学都没上过。一次偶然的机会，她进入妇女识字班，遇到了杨老师。

"杨老师是我的第一个引路人，他除了教我读书识字，更告诉我共产党是为劳苦人民奋斗的。"李玉珍告诉记者，从那时起，共产主义思想的种子开始在她心里萌芽。

"他发现我渴望进步、渴望读书后，就把我介绍到共产党开办的'民建中学'，免我学费、包我吃住，这样我才有机会接受更多知识，接触更先进的思想。"李玉珍动情地说。

1947年，18岁的李玉珍怀揣着一腔热血加入川东游击队，成为一名交通员，给游击队送信。为了及时传递情报，她常常不分昼夜跋山涉水。除了要避开敌人的围追堵截外，她还要独自应对穿行山间的危险与恐惧。尤其是夜晚，大山里杳无人烟，周围不时传来野兽的阵阵嚎叫声。"到那个环境里，就是靠信念支撑。想到自己手里的信件关系着众多共产党人的性命，好像也不怎么怕了。"

有一次，她得知敌人即将包围附近山上的游击队。为尽快通知游击队转移，她直接从山里运木头的伐道一路滑下去，到达山下才发现，双腿被擦得鲜血淋漓。"当时没觉得痛，只想着一定要完成任务。"

游击队得到情报后及时撤出，敌人以为游击队还在山上，结果是自己打自己。李玉珍清楚地记得游击队自编的一首歌："提起那保安队，硬是怄死人，架起机关枪，提起大火炮，糊里糊涂惊惊慌慌整它几百炮……"

因为表现出色，1948年，李玉珍在蓝蒂裕的推荐下光荣入党。同年6月，江姐被捕，组织又安排她回城里做联络员，另外帮忙照顾江姐的儿子。

回忆起70多年前的情形，李玉珍仍记忆犹新。之后，她被安排到合川豫丰纱厂子弟校，以教书的名义在豫丰纱厂联络站工作，负责联络在重庆城和合川之间往来的同志，为他们准备合适干净的服装，提供一些基础的生活保障等。

后来，离重庆解放还有3天的时候，发生了震惊中外的"11·27"大屠杀。在那次大屠杀中，李玉珍的很多亲密战友都牺牲了。

得到消息后，李玉珍第一时间赶到现场。只见残垣断壁上，到处都是同志们的遗体，地上也早已血流成河。

看着面目全非的战友们，李玉珍悲痛万分，泪流满面。

"但我那时只能强装镇定，做好善后工作，我们在现场守了3天，为200多名烈士收殓了遗体。"李玉珍说，"2021年是建党100周年，祖国越来越强大，我们终于过上了曾经期盼的好日子，这一切，足以告慰烈士的亡魂。"

全面建成小康社会重庆奋斗者

一生赤诚心向党——"我觉得我还年轻，还能够紧跟党走"

重庆解放后，李玉珍被安排到市妇联工作，主要负责重庆主城各兵工厂的妇联工作，解决奋斗在一线的工人们的后顾之忧。之后，她又先后在市委党校、江北区供销社等单位工作。

1986年，李玉珍离休，但离休不离党，这是她赤诚的想法，她也是这么做的。

为让更多人了解党波澜壮阔的百年历史，近些年，李玉珍穿梭于各个区县巡回宣讲，以自己的亲身经历告诉大家，为什么"没有共产党就没有新中国"。

"只要组织上安排通知我，我都很乐意参加！"虽然年事已高，但李玉珍精神状态很好，头脑清晰、口齿伶俐。

2018年至今，她以"不忘初心，牢记党恩""共产党员永远年轻""一生永远跟党走"等为主题，为各级党支部书记、干部群众、学生团体等讲述红岩革命故事40余场次。

2019年，她又成为"不忘初心、牢记使命"重庆优秀共产党员巡回宣讲团中的一员，在全市宣讲报告30余场次。

2021年，她宣讲得更勤了。作为江北区党史学习教育先进典型报告团、"708090"老干部宣讲团、校园红色巡讲团的成员，她走进机关、街道、社区、学校，乐此不疲地给大家宣讲党史。

不忘初心、牢记党恩、紧跟党走，成为李玉珍最鲜明的底色。她说，自己还要努力学习，每天还坚持看党报，了解时事，目的就

四、真情篇——爱意涌流

是要紧跟党的步伐。"虽然我92岁,是个'90后',但我觉得我还年轻,还能够紧跟党走。"

改编自何春阳:《"我只是党培养的一个普通孩子"》,《重庆日报》,2021年7月3日。

谢彬蓉：
当过兵的老师就是不一样

人物简介：

谢彬蓉，女，汉族，1971年10月生，中共党员，重庆市忠县人，四川省美姑县瓦古乡扎甘洛村支教志愿者。2018年获得全国"最美退役军人"荣誉称号，2019年获得"最美奋斗者"、全国助人为乐模范等荣誉称号。

谢彬蓉（左二）带着孩子们走上感动重庆领奖台（崔力 摄）

四、真情篇——爱意涌流

谢彬蓉，曾是部队的高级工程师，退役后，只因大凉山深处一双双渴求知识的彝族孩子的大眼睛，她选择留下来。她是全国"最美退役军人"，一名扎根大凉山的乡村支教教师。

从立功军人到优秀教师，从技术军官到支教志愿者，谢彬蓉的人生转折充满荡气回肠的伟大与无私，也蕴含着一名退役军人的执着与奉献。

从重庆走出来的全国"最美退役军人"谢彬蓉，用自己的青春诠释了志愿者精神。

退役大校当支教老师的"因果关系"

"谢老师，你这当过兵的老师确实不一样，我喜欢得很！"这是一位民办彝族学校校长的母亲4年前对谢彬蓉说过的一句话，为了这句暖心的话，"谢老师"在大凉山彝族地区支教至今。

谢彬蓉曾是技术军官，技术七级，大校军衔。1993年入伍后待在内蒙古额济纳旗边远地区，直至2013年退役。

回到家乡重庆的谢彬蓉，本无任何后顾之忧。偶然一次在电视上看到凉山彝族地区缺乏教师的新闻后，她退役后的生活就此完全改写。

"我当初是从四川师范学院毕业参军入伍的，所以我本来就该是一名教师。"谈及当初支教的想法，谢彬蓉将之归纳为最简单的因果关系。

2014年2月23日，谢彬蓉踏上凉山支教之路，行前一天，她又做了一件简单的事：剪去了一头秀丽长发。

军中20年，她都是短发。这头长发，她刚留一年。

重留齐耳短发的谢彬蓉，站在支教的第一所彝族学校门口时，沉默良久。那是西昌市附近一所民办彝族学校，沉默的原因是学校卫生条件奇差。

支教没几天，谢彬蓉的眼睛重度感染，最后手术治疗。学校来了个"独眼龙老师"，并且还天天上课的消息，传遍十里八乡。

谢彬蓉当了两星期的"独眼龙老师"，整个校园卫生焕然一新。校长的母亲看到校园的变化，感慨万千。

彝族大妈的感动让谢彬蓉心暖，眉头却舒展不开——学校的教学条件太差了。她自己拿出了1000多元，并四处募集2万元，修缮了教室。

此后，她又四处协调，让128个没有学籍的孩子全部进入一所公办学校学习，并统一进行了学籍注册登记。

一学期过去，谢彬蓉以为，做了那么多基础工作，她可以安心离开了。然而，期末被抽调到当地中心校监考时，她的心又揪紧了——孩子们的试卷上，除了大段空白，就是扭曲的"象形文字"，有的连自己名字都写不来。

"我只能先留下来。"那一刻，谢彬蓉才惊觉，卫生可以打扫、教室可以修缮，但教师才是这里最稀缺的资源。

不承想，她这一留，就是3个学期。

搂过孩子，推回土特产

谢彬蓉留了下来，不仅如此，她支教的脚步还在往深山里

四、真情篇——爱意涌流

延伸。

2015年8月23日，海拔3000多米的原生态彝族村寨扎甘洛村，多了一个叫谢彬蓉的短发支教老师。

村里的学校，实际上只能算一个教学点。10个学生，一场考试下来，总分数加起来100多分。

这个村子里除了村支书会一点方言普通话，其他人基本无法与外界交流。上课时，家长会随时叫自家孩子出去放羊或照顾弟弟妹妹，谢彬蓉的阻止只能用手比画。

为教孩子，也为了解家长，谢彬蓉学起了彝语。靠着笔记本和手机，现在的谢彬蓉已能用简单彝语跟村里人交流。

"没办法，那样的成绩，小学都没法毕业。"谢彬蓉彼时的想法也简单，留下来，起码让孩子们能小学毕业。

这一留，又是7个学期。

在扎甘洛村的第一个学期结束，谢彬蓉回家。村支书不想她走，可也不敢拦，一个大男人就杵在那儿一个劲儿抹泪。

原因也很简单，谢彬蓉来的前两个学期，村里已经换了八九个代课老师。邻村的情况更糟，支教老师提前离开，10多个孩子就停课在家。

谢彬蓉面对一众父老乡亲，面对无数张渴求、惶恐、急切的脸庞，面对"还来不来"的简单问题，只丢下一个字："来！"

下一学期，谢彬蓉悄悄进山了。消息又一次像长了翅膀。邻村的家长，翻两座大山，将自家孩子和成堆的土特产，一起推向谢彬蓉。

谢彬蓉只是笑笑，搂过孩子，推回土特产。

于是，谢彬蓉这个教学点的学生，猛增至30名。

全面建成小康社会重庆奋斗者

支教改变乡村教育

扎甘洛村，夏天多雨，冬天多雪，苦荞和土豆是主食。第一次进村后，因为害怕那挂在悬崖上的土路，不敢坐车的谢彬蓉曾徒步11个小时，下山到镇上买生活必需品。

支教点原本是20世纪70年代初的土坯房，只有教室一间，另一间作为谢彬蓉的宿舍、办公室兼厨房。房里老鼠太多，她害怕得只能整夜开灯。2016年夏，这间快半个世纪的土房子在一场暴雨中垮塌。

一次，谢彬蓉背一名全身长满红斑、膝盖疼得无法走路的孩子回家。家中没人，在陪着说话时，孩子不经意间叫了她一声"阿莫"。

"那是彝语'妈妈'的意思。"谢彬蓉顿时愣住了，泪水涌出，抱着孩子久久没有松开。"那是一种被需要的满足和感动。"谢彬蓉说。学生文化底子太差，谢彬蓉就每天放学后和周六补课。她的最高纪录，是连续18天上课、补课、排节目，直到10年没犯的偏头疼复发。

学生缺乏纪律性、不懂礼貌，她就把课文改编成情景剧，让孩子们在表演中学习明礼，甚至组织孩子们到山外去游学，见识各种社会规范。

渐渐地，曾经不会写自己名字的孩子，会流畅阅读绘图版《西游记》了；曾经不会说普通话的孩子，可以大方地用普通话与外来者交流了。

经过漫长的努力，谢彬蓉的学生里，10个毕业生中有7人继续读初中，升学率达到了70%。这其中，甚至有一名19岁的女生也读了初中。这在重男轻女思想严重的当地，几乎算是一个奇迹。

2018年11月10日，中央宣传部、退役军人事务部在北京向全社会公开发布2018年"最美退役军人"先进事迹，全国共有20位"最美退役军人"获评，谢彬蓉就是其中之一。2019年9月25日，谢彬蓉获得"最美奋斗者"荣誉称号。

改编自陈波：《当过兵的老师就是不一样》，《重庆日报》，2018年12月10日。

谢　兰：
一位社区党委书记和1422人的安居梦

人物简介：

　　谢兰，女，汉族，1969年4月生，中共党员，重庆两江新区人和街道邢家桥社区党委书记、居委会主任。2020年获得全国"三八红旗手"荣誉称号，2021年获得全国优秀共产党员荣誉称号。

2020年7月26日，在两江新区邢家桥社区，来办事的熊从珍专程抱着小外孙到办公室看望社区书记谢兰（右一）（张锦辉　摄）

四、真情篇——爱意涌流

2019年，谢兰50岁，是两江新区人和街道邢家桥社区党委书记。她个子不高，身材单薄，走路轻盈生风。

社区里，经常听到谢兰爽脆的声音，居民都爱和她打招呼、拉家常。

可现在，这位受人喜爱的社区干部，成了居民"最心疼的那个人"。

"谢书记得了肺癌，做了两回手术，还天天跑工地，你说她是个啥子人啊？"2019年10月23日，说起谢兰，76岁的社区居民宋远芳老人忍不住哽咽起来。她说，为了邢家桥社区老旧民房改造，谢兰已经拼得连命都不要了。

"上厕所都得打伞，群众心烦，我们心痛。"

"我睡不好觉，常常深更半夜醒来，我是着急。群众的住房条件这么差，改造不能再等了！"

说话时，谢兰的声音有些嘶哑——是劳累，也是心痛。

条件到底有多差？宋远芳带我们去她家看。

一进屋，客厅根本没有像样的家具。电饭锅、淘菜盆、高压锅、水瓢、洗衣粉和刚买来的青椒、红薯一起，"躺"在一张旧床板上。

没家具，并不是因为老人节约。

"漏怕了，漏怕了！"宋远芳指着四壁斑驳的痕迹，"墙壁、屋顶都漏水，不下雨也漏。家具往哪放？"

建成于1993年的邢家桥社区，没有物业。独自居住的宋远芳，只能买来白漆，自己用滚筒一遍遍地滚墙壁。

墙面刷了，可面对陈旧的水渍、剥落的墙皮，老人无能为力。

"我也要面子，亲戚朋友来了，看到这些脏水印子，要笑我老太婆龌龊呀！"说到激动处，老人用手背擦起了眼睛。

宋远芳难忘，邢家桥社区原是这一片最早开发的"农转非"社区，当年亲戚朋友都羡慕她住进了洋气的"新村"。而今，年久失修不断漏水的房屋，却成了她的心病。

"宋婆婆这样的情况，在社区有太多太多。"

谢兰说，邢家桥社区安置房为多层砖混结构商住楼，共计16栋27个单元，涉及安置房488套，门面91个，安置户1422人。

这里街道狭窄、楼房密集、空间局促，房屋不同程度地存在漏水、管线老化、墙皮脱落等问题，居民苦不堪言。

56岁的居民黎国平说："邻居家的水漏到我家，我家又漏到别人家；见到邻居，她望到我哭，我望到她哭。年年修，年年漏。"

不止一位居民对谢兰诉说，他们上厕所需要撑伞，不然很可能被楼上漏下的粪水浇满头；做饭时也提心吊胆，生怕"从天而降"的墙皮、墙渣掉进锅里。

"房子这么糟糕，上厕所都得打伞，群众心烦，我们心痛。"

谢兰说，因社区房屋不符合拆迁标准，社区和街道多年来都积极争取旧房改造。2017年，两江新区管委会决定对邢家桥社区安置房综合整治进行立项。

意外的是，居民们并不"买账"。

四、真情篇——爱意涌流

最开始,仅有23%的居民支持综合整治。更多的人发出反对的声音,还有人把大粪端到社区办公室门口,不让工程队开工。后来施工过程中,换了三拨工程监理人员——太难了,受不了。

好事,怎么会这么难办?

"肺癌也没什么吧?做完手术歇几天,我就回去上班。"

"住房难,是社区群众最大的难题。他们心里有苦、有气。"

谢兰说,20多年来,邢家桥社区的房子越来越旧,人口却越来越多。有好多家庭闹矛盾甚至离婚,都是因为房子太糟糕。

但凡有一点办法的人,都搬走了。剩下的,一家四五口"窝"在严重漏水的房子里,怎能不"冒火"?

这股"火",就撒在了谢兰和同事们的身上。

53岁的邢向斌,几代人生活在邢家桥。改造工程伊始,他和多数人一样,非常抵触。

邢向斌说,当时在居民中流传一种说法:社区想靠改造来赚钱,如果拒绝改造,旧房可以拆迁。但实际上,这是信息不对称产生的误解。

面对谢兰和同事们的动员,邢向斌冒火了。他对着谢兰吼:"莫说那么多,你安的什么心,你自己晓得!"

听到这句话,谢兰很伤心:"除了对群众的一片真心,我们社区干部还有什么心?"她赶紧深呼吸几口,平复情绪,继续解释。

没想到,这只是个开头。接下来,有群众开始深夜打电话向社区干部发泄怨气。

按规定，社区干部的手机24小时不关机，有电话必须接听。有一段时间，群众情绪激动，一开口就把社区干部的祖宗三代"问候"个遍。

数不清多少个夜晚，谢兰捏着发烫的手机，听着质疑和抱怨，含着眼泪，一遍遍解释"房子不符合拆迁标准，改造是为了大家好，社区不会从中拿一分钱……"

这样的困境，换了别人，也许已经甩手不干。但谢兰作为土生土长的邢家桥人，甩不开，放不下。

"我是共产党员，为人民服务是我的初心。我从小在这里长大，对这里的老百姓有感情。现在政策这么好，不能错过这次改造的机会。错过了，不知道会等多久。"

谢兰觉得，与其说群众是抱怨，不如说他们是不甘心，是对未来还有期待。

这么一想，她反而有了信心："群众对美好生活有向往，才会批评我们社区干部没做好。那我们就想办法做得更好！"

擦干泪，谢兰风风火火地行动起来。

"群众有火气，有怨气，我们永远笑脸相迎。话说开了，心靠近了，好事就好办了。"

谢兰组织社区干部们，放弃周末、节假日和休息时间，锲而不舍地做群众思想工作。居民会、院坝会，开了一场又一场。居民不来开会，干部们就印发《给居民的一封信》，挨家走访、解释。

谢兰每天平均要走上万步，接100多个电话。粗略统计，她组织了30多次居民会、40多场院坝会，接待群众1000多人次。

2018年6月，谢兰被检查出癌症，确诊为肺癌。可她想着改造

四、真情篇——爱意涌流

工程时间紧迫，任务重，一拖再拖，不去做手术。

2018年12月，改造工程动工。到2019年清明节，改造工作有个样子了，谢兰终于同意接受手术。

进了医院，谢兰还在算时间。她对医生说："肺癌也没什么吧？做完手术歇几天，我清明节一过就回去上班。"

"改造工作不落实，我没有心思做其他的事。"

"谢兰又到工地上来了？快喊她回去！"

62岁的任术英住在邢家桥社区6栋，只要在工地上看到谢兰，她就会扯着嗓门赶谢兰回家。

"多亏谢兰，你看这墙壁，这地砖，这厨卫防水做得多'巴适'。她现在是病人，应该多休息。"

听说我们来采访，任术英坚持拉着我们到家里转转。她所在的6栋和4栋、5栋，已经完成改造。

客厅里，窗明几净。不大的洗手间干湿分区，干净舒爽。厨房墙上地上，没有一点水渍。

"电线、水管重新铺过，再也不担心漏电漏水。连房租都涨了。"说着改造后的新房，任术英喜上眉梢。

她说，4至6栋的住户住进新房后，都赞不绝口，对谢兰和街道、社区干部的工作非常认可。

2019年中秋节，4至6栋的住户一起在社区里摆长桌宴，每家出一个菜，早早给干部们打招呼，请他们来坐坐，以示感谢。

事实最有说服力。随着改造推进，在2019年10月时，邢家桥社区居民对改造工作的支持率已达到98.4%。

才动完手术的谢兰操心的仍然是改造工程。她天天算进度，要让所有居民都能在改造后的新房过2020年的春节。

"看到任阿姨这样的热心人，我只有躲着走。"

谢兰笑着说，居民们得知她患病后，主动送药、送饭，有的还专程到江津、綦江去买草药为她熬好端来，还未开口说话，眼圈先红了。社区涌现了一批又一批志愿者，随时来帮忙，邢向斌也在其中。

这些真情，谢兰看在眼里，热在心头。但她还不愿休息。

"我党龄14年，在社区工作17年，其中在邢家桥12年。改造工作不落实，我没有心思做其他的事。"

第一次手术后，谢兰休息了14天就回到社区继续工作，伤口的血渗透衣服，许多人看到都哭了。10月初，她做了胃息肉手术。

但她仍然笑容爽朗，步子飞快，没有任何东西能改变这位社区党委书记的坚定决心。

2019年10月28日，我们再次见到谢兰，她说，明年春节，邢家桥社区的1422人，一定能圆安居梦。

改编自张永才、申晓佳、黎胜铭：《一位社区党委书记和1422人的安居梦》，《重庆日报》，2019年10月29日。

傅山祥：
战疫中的"帐篷书记"　战洪中的"潜水书记"

人物简介：

傅山祥，男，汉族，1967年4月生，中共党员，重庆市万州区五桥街道香炉山社区党总支书记、居委会主任。2020年获得"重庆市抗击新冠肺炎疫情先进个人"荣誉称号，2021年获得全国优秀共产党员荣誉称号。

傅山祥（左一）向社区居民发放防疫宣传资料（龙帆 摄）

在全国"两优一先"表彰大会现场，重庆市万州区五桥街道香炉山社区党总支书记、居委会主任傅山祥获评全国优秀共产党员。

"党给了我这么高的荣誉，作为社区基层干部，我将不忘初心、牢记使命。"傅山祥说，社区干部的工作关系到千家万户的冷暖，必须用汗水浸润小巷的每个角落。他的初心就是把他的心血和汗水洒在社区的大街小巷，洒在社区居民的心坎上。

从2008年开始，他一直扎根基层，尽心尽责地为当地群众服务，是群众眼里的"帐篷书记""潜水书记"。

初入社区：立下军令状，给社区换新颜

17年前，傅山祥刚到社区参加工作时，香炉山老街老建筑十分破旧，环境是出了名的脏乱差。"我心里很不是滋味，必须要来个大改观。"当时，傅山祥在社区党员大会上立下军令状，"办不到我就主动辞职。"

在推进社区改造中，傅山祥四处奔走争取项目和资金，同时还要带着社区党员，一户一户上门做群众工作。"那时很多居民有自己的'小算盘'，不愿意拆除违规搭建的部分，工作很难做。"傅山祥苦笑着回忆。

"关键时候，党员就要冲得出来、立得起来、干得出来。"傅山祥说。在不到10天时间里，社区党员家中的乱搭乱建全部拆除。示范带动作用在社区影响极大，一个月内社区90%的居民主动拆除了违章搭建。就这样，经过一系列环境整治改造，社区颜值得到大幅度提升。

四、真情篇——爱意涌流

战疫期间：他是群众眼里的"帐篷书记"

新冠疫情暴发后，白天，傅山祥满社区跑疫情防控；晚上，他就睡在帐篷里。这种状态持续了一个多月。前半月，他把帐篷摆在楼道里，守护隔离的居民；后半月，他又把帐篷搬到社区外出路口，防止人员流动。

就这样，因工作需要经常睡在帐篷里的傅山祥，被很多社区居民称为"帐篷书记"。

"人手紧张，压力也大，没时间回家了。"傅山祥说，当时，有名密切接触者就住在社区办公室旁的11号小楼，整栋楼里4户居民15人。按要求，整栋楼都需要进行封闭式管理。白天都有志愿者值班，但到了晚上如果没人把守，万一有人出走，风险就大了。

傅山祥清楚地记得，2020年大年初一凌晨，自己在社区巡逻完，回家"眯"了1个小时就带着一顶帐篷，去了社区的楼道。

傅山祥在楼梯口支好帐篷，担心睡觉太沉，他又在楼梯口摆了一张桌子，上面用棍子支起一个脸盆，只要有动静，脸盆就会掉到地上发出声响。有天晚上，楼栋里有位老人摸黑外出，刚好碰响了脸盆，惊醒了傅山祥，他及时劝阻了老人。

2月15日，刚好是小楼居民解除隔离的日子。妻子以为他会回家，哪料傅山祥把帐篷搬到了进出社区的双河口路口。

五桥老街以五桥河为界，分为香炉山社区和五间桥社区。香炉山社区有81栋民房，分散在1.5公里老街。如果每栋楼都安排人员管理会人手不够，傅山祥在老街两头分别设了检查站，只用了4个人就把整个社区81栋都管了起来。

就这样，他们一直坚持到管控彻底解除的那天。

洪水袭来：他是群众眼里的"潜水书记"

2020年7月16日上午，万州区五桥街道五桥河突发历史罕见特大洪水。因地势较低，临河的香炉街有群众被困。

傅山祥赶到现场后，一头扎进了洪流中救人。当时，五桥河的水位正在快速上涨。傅山祥把人救出来后，就和街道、社区干部们合议，立即组织全部居民撤离。

河水猛涨的1个多小时里，在傅山祥的指挥和身体力行下，老巷子里的500多居民被紧急转移到安全地带，3名无法行动的居民被他背到了居委会。

傅山祥还没来得及松口气，就听到临河居民楼2楼楼梯口一个老婆婆和一对母女呼救。那时，街面的洪水已有1米多深。傅山祥穿上救生衣，让志愿者找来绳索，跳进湍急的洪流，艰难地向街对面蹚过去，把受困的3人安全转移。

当天，傅山祥数次蹚进洪水甚至潜入洪流中，先后救出10余名被困群众。直到现在，他的这段事迹仍在香炉山社区被时常提起。

傅山祥说，作为社区干部，任何时候都要第一时间到达现场，快速把工作开展起来。不管是疫情也好，抗洪也好，作为社区干部有义务和责任，守护一方平安。在日后的工作中，他也将用心用情为居民服务，把实事好事办在居民的心坎上。

改编自梁浩楠、佘振芳：《战疫中的"帐篷书记" 战洪中的"潜水书记"》，华龙网2021年7月1日报道。

罗旦华：
做守护群众安全的"仙女山骑士"

人物简介：

罗旦华，男，汉族，1981年10月生，中共党员，重庆市武隆区公安局交通巡逻警察支队副支队长兼秩序大队大队长。2020年获得全国先进工作者荣誉称号，2021年获得全国优秀共产党员荣誉称号。

罗旦华在仙女山盘山公路上巡逻间隙（崔力 摄）

在重庆仙女山景区，经常会有6名交巡警骑着摩托车穿梭在盘山路上。这是一支独特的"骑士团"，"骑士团"队长罗旦华十年坚守，创新"六段式"巡逻法，创立"劳模工作室"，以实际行动守护着这条平安路。

这条盘山公路全长24公里，每天上万车辆经此路去景区，节假日每日车流量更是超过3万辆次。"这段路弯多、路窄、坡陡，一旦有汽车半路抛锚或发生交通事故，很容易双向堵死。这时，只有骑摩托才能快速到达现场处置。"为了快速抵达现场，罗旦华的"办公室"就安排在武仙路上。所谓"办公室"，其实就是马路边一顶遮阳伞下的一张小方桌和几条板凳。

无论严寒酷暑，罗旦华都起早摸黑，从海拔200余米的城区巡逻至海拔1400多米的仙女山，"冬披一身雪，夏脱三层皮"是他的真实写照。10年时间，他报废了6辆摩托车，累计骑行40万公里，相当于绕地球10圈。久而久之，群众都称摩托车巡逻队员们为"仙女山骑士"。

尽职善思的"创新者"

在工作中，罗旦华不断总结经验，摸索出了"六分段"工作法，将24公里的武仙路分为事故易发段、观景缓堵段、商业密集段、连续弯道段、临水临崖段、直道快速段，以重要交通路口为据点，事故多发路段为必巡点，仙女山景区公路和高速路口为套环区强化沿线巡逻，做到分段包干、定人、定岗、定责，确保各路段的交通事故在5分钟内能得到处置。

四、真情篇——爱意涌流

为强化旅游交通智能化建设，罗旦华还创建了一套远端、中端、近端为引导的"三端分流管控法"，同时强化宣传引导，及时将景区沿线的路况信息、天气状况和安全提示推送至广大游客手中。实施科学管理办法后，旅游高峰期堵车现象得到有效缓解。

目前，武隆旅游交通管理工作提升至全国领先水平，先后接受多个国内外警务部门考察。

群众心中的"贴心人"

在交通事故处理过程中，罗旦华始终把群众当亲人，按照"诚心换真心""依法处置和以情相结合"的原则做好事故调解工作。

有一年的一个下雪天，罗旦华在杨叉岭查获一辆长安车超员，驾驶员当场接受了处罚，可超员乘客却不肯下车，经过询问得知：车上的乘客均是10公里外核桃村的居民，有5人是刚从浙江打工回来，因汽车客运站较为拥挤，便联系老家的朋友来接他们，可朋友车上还装有家人，驾驶员担心得罪朋友，就抱着侥幸心理超员驾驶。

此时，天色已晚，车上的人都担心下车后打不到车。了解情况后，罗旦华耐心劝解车上超员乘客下车，并驾车将其送到家中。

在罗旦华的办公桌上，放着一个小箱子，里面配备了常用修车工具和医用物品。"游客车子抛锚，几乎每天都会遇到。"罗旦华说，以前，修车、换胎他也不会，后来，专门去汽修店"偷师学艺"，并特地向医院朋友请教了伤口包扎等急救方法。

"他一天到晚激情满满，总是坚守在岗位上。"在同事印象中，罗旦华从未缺席过巡逻任务，在工作上从不拈轻怕重、在难题前从不退缩逃避，成为大家眼中的"老黄牛"。

沿途道路上的"平安符"

在每次执行抢险救灾、节假日巡逻执勤等任务时，罗旦华都挺身在前，奋斗在最前沿。

他带队新修17公里的"致富路"，帮助2400余名群众解决乘车难、出行难问题，主动参与应急处突任务40余次，确保人民群众生命财产安全。在疫情防控阻击战中，他主动请缨、冲锋在前，和战友一起写下请战书，成立党员先锋突击队，带队坚守在高速车流最集中、人员流动性最强、全区疫情输入压力最大的路段，整整两个月未休息一天，共检测车辆2万余台次、检测人员4万余人次。

大巴车驾驶员吴天品在退休前跑最后一班车时，专门在路上找到罗旦华合影留念。吴师傅说："8年来，每天和罗旦华在道路上相见，其中有两次车子半路抛锚，都是罗旦华快速提供帮助，所以每天在路上看到罗旦华就觉得心安，虽从未深聊，却似老朋友。"

改编自余志斌：《做守护群众安全的"仙女山骑士"》，华龙网2021年6月30日报道。

何 巧：
把为民服务脚印留在平凡岗位

人物简介：

何巧，女，汉族，1984年11月生，中共党员，重庆市沙坪坝区公安分局磁器口派出所民警。2021年获得全国敬业奉献模范称号、全国"最美基层民警"等荣誉称号。

何巧（中）用手语与社区居民交流（重庆市公安局 供图）

何巧用手比画着，叮嘱即将外出旅游的傅筱飞注意安全。

今年73岁的傅筱飞家住重庆市沙坪坝区国盛三千城小区，是一名听障人士，该小区共住着161名听障人士。为了服务好这些需要特殊关爱的人群，重庆市公安局沙坪坝区分局磁器口派出所社区民警何巧花了3个月时间学会手语，并在街道的支持下将"巧姐无声警务室"开在了小区里。在小区里，时常能看到何巧用手语与这些听障人士沟通，为他们排忧解难。

在成为一名警察前，何巧在重庆一所高职院校当老师。2012年，何巧走出有寒暑假、不用风吹日晒的"舒适圈"，投身警营。面对纷繁的社区警务工作，何巧始终牢记自己的初心："群众提问我回答、群众来访我接待、群众难事我解决、群众权益我维护。"

放弃教师工作，投身警营

何巧是四川绵阳人，她个头不高，常扎着一头马尾。2007年，何巧从重庆师范大学地理信息系统专业毕业后，在重庆市勘测院做城市仿真三维模型。工作两年后，何巧前往重庆一所高职院校当老师。

何巧的父亲是社区干部，也是多年的共产党员。从长辈身上，何巧感受到，"奉献"就是共产党人的初心和使命。2010年，何巧递交了入党申请书。

"在高职院校当老师压力不大，有固定的上下班时间和寒暑假，身边人都觉得这样的工作对一名女性来说是非常安逸的，但我还是有个警察梦。"何巧说，在报考警察时，她已是系里的教研室

四、真情篇——爱意涌流

主任，发展前景也不错，学院为了留她还提出涨工资，但何巧还是选择换到陌生环境从零开始。

2012年，何巧被分配到沙坪坝公安分局特警支队，她和男民警们一样在训练场上摸爬滚打，在巡逻路上日晒雨淋，在急难险重任务中冲锋陷阵，是支队出了名的"女汉子"。两年后，何巧被调入磁器口派出所。

磁器口派出所下辖4个社区，其中包括磁建村社区。原重庆高压开关厂就在该社区。多年前，为鼓励听障人士自食其力，高压开关厂招收了不少听障人士。他们退休后，基本都住在还建的国盛三千城小区。因他们的生活圈子狭窄，加上有些自卑封闭，小区曾一度矛盾纠纷频发。这对社区民警是个不小的挑战。

"再复杂的结也得有人去解，让我去试试吧。"何巧向所领导请战，请求去磁建村社区任民警。从此，何巧开启了与听障群众的不解缘分。

为与听障人士沟通学习手语

不过，开局并不顺利。当何巧拿出事先准备好的纸笔，来到听障群众集中居住的楼栋入户时，不少听障群众因文化水平有限，根本无法用文字顺畅交流。看着他们用手语焦急比画，何巧不知所措，尴尬得满脸通红。

于是，何巧自费报名参加了重庆师范大学手语培训班，还主动在社区"拜师学艺"。

就这样，从问候到称呼，再到话家常、聊心事、调查情况，何巧仅用3个月时间就掌握了手语。有了沟通的媒介，听障群众有什么想法和需求都愿意找她"诉说"，也逐渐认同了这位女警察。

跨越了沟通障碍，细心的何巧发现，社区听障群众缺少一个相对固定的交流活动场所。在派出所的支持下，2019年初，原来不到10平方米的警务室扩建到近50平方米，并挂牌成立"巧姐无声警务室"。该警务室不断健全完善预约、接待、报警、救助等工作机制；经过不断探索总结，形成无声微课堂、无声微信箱、无声助力团、无声融乐荟等"无声"系列品牌，贴心服务听障群众。

新冠肺炎疫情暴发后，何巧手绘防疫知识图解，挨家挨户上门手语宣传疫情防控要求。疫情防控最吃紧时，口罩成为稀缺物资，何巧向亲戚朋友求助，自掏腰包购买了口罩、酒精等防疫物资，送到听障群众家中。

近3年来，何巧参与调解130余起涉及听障群众的矛盾纠纷，成功率达到100%；为辖区听障群众排忧解难240余件，辖区群众安全感、满意度始终保持在96%以上。

帮助听障人群融入社会

随着对听障群众的了解不断深入，何巧发现他们中的很多人内心敏感，容易产生自卑、迷惘等负面情绪，加上与外界沟通的渠道不畅，法律意识不强，遇到问题往往不知道如何正确处理。

"如何帮助社区听障群众学法守法用法，减少矛盾纠纷的发生；帮助他们树立自尊自信，以积极向上的精神状态融入社会、实现价值"，这成了何巧一直在思考并努力解决的问题。

四、真情篇——爱意涌流

2019年底，服务听障群众的棋牌室开张了。这本是一件好事，但新的问题又来了：听障群众本身存在听觉障碍，嗓门大，加之年龄大了，对时间不敏感，夜深了还在打牌娱乐，导致棋牌室噪声扰民的投诉激增。因不清楚制造噪声的法律责任，听障群众对投诉很不理解，与其他居民的关系一度比较紧张。

得知此事后，何巧一边安抚双方情绪，一边通过张贴海报、上门家访等方式对听障群众进行法制宣传。在何巧的耐心引导下，听障群众规范了活动时间，加强了音量管控措施，生活噪声大大减少。随后，何巧四处协调，又找到一处更宽敞、隔音效果更好的活动场所，从此棋牌室再也没有引发噪声扰民投诉。

为了给更多的听障群众普法，2020年10月29日，何巧首次把普法课堂搬进了社区活动室。听说巧姐要上课，听障群众早早地就挤进了活动室。何巧手随嘴动，表达流畅，她向"学生"讲授《民法典》《治安管理处罚法》等法律法规，还列举发生在身边的事例帮助大家理解，活动室时时响起欢快笑声和掌声。

如今，何巧主导的特殊普法课举办了近10场，《残疾人保护法》《劳动法》等都已纳入授课计划。听障群众表示，普法课让他们学到了很多有用的法律知识，知道了如何用法律维护自身合法权益，遇到问题也懂得怎么去处理。

社区有个14岁的听障少年小李，认为自己是残疾人，看不到未来希望，自暴自弃决意辍学。何巧了解情况后，一方面联系专业心理咨询师对小李进行心理疏导，另一方面在生活上予以细心关照，小李最终同意返回校园。紧接着，何巧针对社区听障青少年开设了"巧姐无声微课堂"，邀请青少年看励志影片、开展文体活动，帮助他们树立乐观阳光的人生态度。在后来的期末考试中，小李考得不错,受到学校的通报表扬。小李在微信里告诉何巧:"何阿姨,您是我人生道路上的一盏灯,照亮了我前行的路!我一定好好读书。"

居民评价:工作细致入微,无声胜有声

在何巧的倡导下,社区8名中青年听障人士成立了一支"无声义务巡逻队"。去年国庆节,这支巡逻队在她的带领下,开始了第一次巡逻。"别的社区居民能干的事,我们也行!"如今,只要走进这个社区,就会看到这些听障群众戴着鲜红袖标,信心十足巡逻在辖区楼宇、街巷间,成为街区一道特别的风景。"想不到残疾人还可以干这么多事情。"社区居民都惊讶于听障群众的变化。

现在,何巧关注听障群众的目光放得更远了。她常常与各行业的专家教授们交流探讨,为更多社区、重庆市乃至全国的听障群众寻找更高效便捷的交流方案。何巧计划与相关行业的专家教授共同制作一份《手语交流手册》,这份手册类似《英语常用100句》,好上手、易操作。她计划先在公安系统内部推广,时机成熟后普及到各部门和窗口单位,方便工作人员更便捷有效地为听力障碍群众提供咨询办事服务。何巧还与西南政法大学合作,将磁建村社区设立为大学生社会实践基地,让未来的法律工作者在这里学习手语。

一言一行见初心,一举一动担使命。凭借出色的工作,何巧先后被授予重庆市"最美渝警楷模"、全国"最美基层民警"、"重庆好人"、全国"巾帼建功标兵"等荣誉称号。在听障群众看来,何巧虽没有刑警侦破大案要案的显赫战功,也没有特警队员英勇善战

的辉煌荣耀,却把为民服务的脚印留在平凡岗位上,把共产党员的口碑印在老百姓心里。

在"巧姐无声警务室"的墙上,记录着听障人士们的心声:"何巧警官,工作细致入微,无声胜有声。""雨打风吹,在何警官心里,我们的事永远是大事。""热心帮助聋哑人,聋哑人爱你。"

改编自王鑫、成方珣:《把为民服务脚印留在平凡岗位》,澎湃新闻2021年5月9日报道。

徐玲玲：
最美的守护

人物简介：

徐玲玲，女，汉族，1970年8月生，中共党员，重庆市涪陵区税务局老干部科一级主办。2021年获得全国孝老爱亲模范荣誉称号。

徐玲玲在第八届全国道德模范颁奖大会上（中共涪陵区委宣传部 供图）

四、真情篇——爱意涌流

24年，8400多个日日夜夜。徐玲玲用普通人生命长度近三分之一的时间坚持无微不至地照料中风瘫痪、心血管疾病频发的养父和年老体弱、罹患阿尔茨海默病的养母。

"父母身体健康，就是我最大的满足；一家人平平安安，就是我最大的幸福。"为了这个心底的愿望，她用24年的悉心照料，24年的倾情守护，24年的无怨无悔，换来了医生口中的一个"奇迹"——重度瘫痪24年的养父，在91岁高龄依然拥有良好的体征和精气神。2022年春节前夕，瘫痪了近24年的老人在徐玲玲的搀扶下，能站起来，并且缓慢地走了5步。

她用心守护至亲、用爱诠释孝道、用行传递美德。2017年，徐玲玲家庭被评为重庆市文明家庭、重庆市"最美家庭"；2020年，被评为全国文明家庭。她本人2020年被评为全国敬老爱老助老模范，荣登"中国好人榜"。

没有血缘，但我们是最亲的人

1971年，1岁的徐玲玲来到养父母家中，组成了一个幸福美满的三口之家。从来到这个家庭的第一天起，她就被养父母捧在手心疼爱、呵护。然而，美满的生活在1998年被一场突如其来的疾病打破，徐玲玲的养父中风瘫痪了。

"得到父亲中风的消息时，我一时也六神无主。"突然接到噩耗，从小被养父母呵护长大、十指不沾阳春水的徐玲玲不知如何是好。她含着泪焦急地赶上了从上班地李渡到蔺市的最后一班船。从蔺市码头到医院很近，但是她因悲伤过度双腿抖动，竟难以挪动脚步。辗转两个多小时赶到医院,只看到昏迷在病床上的养父。

"除了生死,一切都不是事!"看着躺在病床上的养父和年迈体弱的养母,徐玲玲知道她没有时间悲伤,她必须振作起来。为了让父亲重新站起来,徐玲玲四处打听哪里有好的医生,一年多的时间里,她与丈夫一起,每个周末都带着养父在丰都、南川等地辗转求医。

为了更好地照顾养父,她自学了很多护理知识,推拿按摩、清洗理疗、理发修甲……她几乎放弃了所有的休息时间,与体弱多病的母亲一起扛下了照顾父亲的重任,那个时候她只有28岁,她的儿子年仅4岁。只要对父亲好,无论多难多累,她都努力去学、仔细去做。

寒冬,父亲大小便频繁失禁,她洗了又换,换了又洗,她总记得给父亲灌上暖水袋,却忘了给自己添件薄棉衣;深夜,父亲积痰咳嗽,她不眠不休,一次次给父亲拍背、一点点给父亲喂水,直到父亲有了微微鼾声入睡,她才小心翼翼伏在床边打个盹;多少次父亲心血管疾病突发送医,她挂号送检、忙前忙后,一奔波就是一宿,好不容易坐下来,布满血丝的眼睛还不忘盯着晨光下的点滴瓶……

2001年的年三十夜,徐玲玲的父亲突然再次发病,人中歪斜,命在旦夕。"我当时心里很慌,制氧机都不知道怎么用了。"然而正值除夕夜,一时找不到医护人员参与急救,徐玲玲在几秒钟之内强迫自己镇定了下来,利用平时学到的护理知识和照顾父亲积累的经验,及时给父亲输氧、松弛、喂药,将父亲从死亡线上救了回来。

在那之后,每搬一次家,她都会主动和医生邻居建立良好的关系,她希望父亲能在发病的关键时刻,得到医生及时的救助。在那之后,徐玲玲的居住地都尽量选择一楼的房子,因为她知道在父亲

四、真情篇——爱意涌流

发病的关键时刻,节约的每一秒钟都可能救回父亲的生命。

丈夫周维曾经问过她,苦不苦?徐玲玲总会笑着聊起童年,她说:"小的时候父母养我,现在我照顾他们,是应该的,并没有觉得多苦多累,安顿好他们,我才能安心地工作和快乐地生活。"

鼓励父亲,让他有尊严地活着

尽管四处求医,父亲也没能重新站起来,甚至这个现实让一向坚强的父亲灰心了。有一次,徐玲玲给父亲买了新衣服,父亲却说:"我已经是活不了几天的人了,没必要再买新衣服咯。"

"父亲需要有尊严地活着!"那一刻,徐玲玲才惊觉,父亲的日常照料很重要,但提高父亲的生活质量,帮助父亲找回生活的信心更是重中之重。

父亲是知识分子,生活上原本就是很讲究的人,于是徐玲玲加强护理,让他每天都保持干干净净、清清爽爽,连父亲的坐便器也没有一丝异味。

父亲的双手双脚有灰指甲,因为瘫痪手脚也变形了,指甲长进了肉里。徐玲玲总会很仔细地给父亲剪指甲,一点一点地磨,每次要一直低头弓腰四五十分钟。

父亲曾经意气风发,现在却只有左手能动,徐玲玲也不把他当病人看,而是鼓励他自力更生,耐心地教他用一只手叠被、刷牙、吃饭、写字、如厕。

父亲喜欢看新闻,了解国家大事,徐玲玲就教会父亲使用遥控器,并陪着他看;父亲瘫痪不能出门,但思维清晰,徐玲玲便买来电脑，手把手地教会了父亲使用电脑，还细心地给他设置了左手键。

在徐玲玲的讲解下，手机、电视、电脑成了父亲了解世界的工具，他可以独立上网看视频、听音乐、读新闻、查药方。真正实现了足不出户便可浏览天下事，父亲的老年生活更加有质有量，有滋有味。

"我希望他的生活变得有趣，这样他才会对生活有所期待，他需要的不仅是照顾，还有从身体到心理上的帮助。"徐玲玲说，她会定期给父亲设置一个小目标，比如学会按遥控器，学会打电话，希望父亲的生活里总是充满了微小却美好的愿景。

在见到徐玲玲的父亲以前，很多医生都不相信一个高龄重度瘫痪的病人可以活20多年。父亲的主治医生由衷地说："徐玲玲的父亲是我见过年龄最大、体征最优、精气神最好的卧床病人。"他们说，这是一个奇迹。如果真要说有什么特效药，那一定是"他有一个好女儿"！

拳拳之心，守护至真至爱亲情

天有不测风云，2011年，徐玲玲的母亲也生病了，患了青光眼和白内障，双目失明。那时她初到新岗位，需要学习很多新业务，又恰逢单位要求复习考证，但是不容多想，她嘱咐丈夫照顾好父亲，收拾好衣物、背上书本就和母亲一起住进了医院，这一住就是半个多月。在此之后，徐玲玲的母亲还先后因左股骨粗隆骨折、腰椎粉碎性骨折、脑供血不足并发症、腰部带状疱疹等十余次住院治疗。每次母亲住院,她都白天在单位处理工作,中午和晚上赶到医院照顾母亲,夜深人静时,还要在医院走廊昏暗的灯光下复习备考。她每天连轴转,只为了让母亲得到更好的照顾,能够更快地康复。

最近几年,徐玲玲的母亲又患了阿尔茨海默病,记忆力越来越不好了。"我像照顾小孩一样照顾她,就像小时候她照顾我一样。"徐玲玲会让母亲做一些力所能及的事情,来保持身体和大脑灵活。她会把微波炉、电饭煲等的详细使用步骤写在纸条上,贴在按钮旁,让母亲每天去尝试蒸饭和热饭。有时间她就带着母亲到处看一看,逛一逛,走进大自然,走进山水间,她希望母亲能多记住一点美好,能晚一点忘记。然而,2021年4月,母亲不慎摔倒又住进了医院,一直处于昏睡状态,偶有清醒的时候,她就会伏在病床边轻轻地问:"妈妈,我是小玲,你还记得我吗?"每当听到这句话,记性模糊的母亲还是会微微地点头,脸上露出慈祥的微笑。徐玲玲说:"我妈妈现在就只认识我了,被父母需要和依赖的感觉真的很好。"

乐观积极,在困境中保持自我

一面全力照顾好瘫痪卧床的父亲,一面又要尽心照顾好日渐衰老的母亲。照顾一天,不难;一个月,也不难;一年,依然有很多人能做到;那持续照顾24年呢?这无疑是一个漫长的、难以想象的数字。但徐玲玲说:"能守着父母,陪着他们,我很快乐。我只想做好每一件事,过好每一天就足够了。"

乐观的心态，让徐玲玲在"失控"的生活中始终保持丰富多彩的自我。"我们不能因为照顾老人就无限制榨干自己的生命养料，这样容易因为委屈感而抑郁，或者不堪重负自己先倒下。"在照顾老人和实现自我价值之间，毫无疑问，她找到了最优解。

她深知照顾家人是应当，履职尽责更是担当。在父亲瘫痪、母亲骨折、孩子年幼的日子里，她宁可自己忙成陀螺，也不愿耽误一天的工作，她两次获评全区税收征管能手、一次获评全区纳税服务能手。她不服输，硬是在照顾老人的间隙挤出时间先后考取了会计从业资格证、初级会计师、中级会计师、税务师执业资格等证书。她始终记着父亲的话："这身税务蓝，穿上就是一辈子。"

许多个父母和孩子酣然入睡后的夜晚，一盏台灯、一抹侧影、一缕月光，伴着她度过了宁静而充实的时光。现在的徐玲玲，是重庆市书法协会的会员，是单位乐队的键盘手，同时还学了游泳、古筝和古典舞。

她说："尽管生活里一地鸡毛，但着急和崩溃都无济于事，想办法把鸡毛扎起来、理顺它，鸡毛也有了价值。"

孝老爱亲，良好家风代代传承

好家风是潜移默化、润物无声的力量。在徐玲玲的言传身教中，她的儿子从小就会抢着帮妈妈做事，小心翼翼地替外婆修剪指甲，给外公翻身擦背防止褥疮，不怕臭不怕脏清洗痰盂和坐便器。孝顺善良的儿媳进了家门以后，这位本是家中的掌上明珠、不熟悉家务活的90后小姑娘，也和丈夫一起照顾另外两位"90后"，学会了做老人爱吃的饭菜,学会了给老人洗澡按摩,喜欢上听外公讲以前的税收故事。让两位老人的晚年生活舒心愉快,是他们一家的共同愿望,也是美德代代传承的精神内核。

2021年,徐玲玲被评为第八届全国道德模范,在人民大会堂受到了习近平总书记的亲切接见,参加了2022年春节联欢晚会的录制,她本人感到特别荣幸和幸福。徐玲玲表示,荣誉对她是鼓励,是责任,更是前行的动力,她将把各级领导的鼓励和嘱托记在心上,体现在行动上,发挥全国道德模范的感召作用,用心打造全国道德模范徐玲玲工作室——"心玲小家",引导大家传承中华民族传统美德、践行社会主义核心价值观,把家国情怀内化于心、外化于行,把向上向善的正能量传递给更多的人。

改编自涪陵区委宣传部提供的《最美的守护》文稿。

于婷婷：
"帮助他们，就像在帮助曾经的自己"

人物简介：

于婷婷，女，汉族，1997年9月生，中共党员，重庆财经职业学院2018级学生。2020年获得全国"最美大学生"荣誉称号。

于婷婷（左三）在敬老院关爱老人（李星婷 摄）

四、真情篇——爱意涌流

奋斗的青春是什么样？

2020年1月11日晚，中宣部、教育部在中央电视台综合频道联合举行2020年"最美大学生""最美辅导员"发布仪式。重庆财经职业学院会计专业大三学生于婷婷获评"最美大学生"。

出生后被遗弃在街头，养父将她抚育成人；养父病重后，她带着养父一起上大学；被爱心包围的她，也用感恩之心回报着社会……1月13日，于婷婷接受重庆日报记者采访，讲述她不平凡的人生经历。

养父之恩让她健康成长

开朗爱笑的于婷婷，有一段曲折的身世。时间回到1998年冬，广州，清晨。合川人于万全走在上班途中，突然听到街角传来阵阵婴儿哭声。他找到放在街角的纸箱，里面是一名被遗弃的女婴。见孩子哭得可怜，于万全用手轻轻捏了捏孩子的脸蛋，安抚她，孩子立马停止了哭泣。

善良的于万全决定将孩子带回去。那一年，他33岁，未婚。于婷婷在广州长到3岁后被送回合川官渡镇，跟爷爷奶奶生活。于万全一家十分贫寒，屋里几乎没有一件像样的家具。从记事起，于婷婷就知道自己身世，但她仍叫于万全"爸爸"，也感受到一家人对她发自内心的爱。

每周，于万全会从广州给她打来电话，父女俩每次都要聊上好一会。每次过年，于万全还会给于婷婷买新衣服和糖果。一年冬天，于婷婷手上长了冻疮，于万全心疼得不得了，给家里添了取暖器等家电。而为了省钱，那年春节，于万全没有回老家过年。于婷婷难受了很久。

爷爷奶奶也很爱于婷婷。爷爷总是给她碗里塞肉；夏天，奶奶总是摇着扇子陪她入睡……在一家人爱心的包围下，于婷婷健康快乐地成长着。

她带着重病养父上大学

2014年，奶奶去世了。同年，于万全被诊断出患有肝硬化及布加氏综合征。便血、肌无力……身体越来越差的于万全回到合川，不再出去打工。孝顺懂事的于婷婷每个周末都回家，扶着爸爸出门散步，陪他聊天。

2018年，于婷婷考上大学。那时，高龄的爷爷已被送往养老院。而因为养育于婷婷，于万全一直没结婚。"爸爸一个人怎么办？"那个暑假，于婷婷被这个难题困扰着。

"带着爸爸一起上大学！"于婷婷终于下定决心。她在学校周围找了一间每个月只要100元的出租屋，将爸爸安顿下来。

学校、出租屋、医院，于婷婷开始"三点一线"的生活。为了节省车费，于婷婷从来都是步行1小时往返学校和出租屋。家教、发传单，她靠四处兼职赚取父女俩的生活费。虽然工作辛苦，但她从来没耽误过一节课。

"于婷婷刻苦、要强，成绩一直名列前茅。"重庆财经职业学院会计系党总支书记吴适告诉记者，于婷婷之前一直没有提及自己的情况，一次偶然的机会，大家才得知实情，当时，她的养父已经重

四、真情篇——爱意涌流

病卧床。

学校很快帮于婷婷和养父就近租了房子，并为于婷婷减免学杂费、安排勤工助学的岗位。得到学校和社会关爱，于婷婷越发努力，用自己的行动回馈社会。

她愿传递爱心延续温暖

担任副班长的她，是"优秀学生干部"；在学院，她积极参加党支部"讲红色革命，讲革命精神"活动，在大二时成为中共预备党员；去年春节，她在老家担任防疫科普宣传员，将好不容易买来的口罩赠送给邻里乡亲。她热衷于公益活动，最喜欢在"四点半课堂"上教孩子们数学、作文、唱歌。

2019年10月，爸爸去世了。但于婷婷说，自己要将这份滚烫的爱心传递下去。

于婷婷的感人事迹逐渐被更多人知晓，她也因此先后被评为"中国大学生自强之星""重庆好人""最美巴渝·感动重庆月度人物"。2021年初，于婷婷正在准备专升本考试，她的理想是做一名教师。"帮助他们，就像在帮助曾经的自己。"于婷婷说，一路走来，她得到了爸爸、爷爷、奶奶最无私的爱，得到了来自社会各界的关心和爱护，现在，她要把这份爱传递下去。

改编自李星婷：《"帮助他们，就像在帮助曾经的自己"》，《重庆日报》，2021年1月14日。

五、匠心篇

——精益求精

刘永刚：
从普通士兵到国家级技能大师

人物简介：

刘永刚，男，汉族，1963年3月生，中共党员，西南铝业（集团）有限责任公司首席技师，高级技师，享受国务院政府特殊津贴。2020年获得全国劳动模范荣誉称号。

刘永刚（受访者 供图）

全面建成小康社会重庆奋斗者

从普通士兵到国家级技能大师，35年来，刘永刚勇于探索与创新，一直奋斗在模锻生产的第一线，为国家航空航天和重点产品的发展作出了突出贡献。

一

早上6点，刘永刚的闹钟准时响起，简单地做个早餐，吃完便匆匆出门。

"我基本上都是第一个到车间。"刘永刚说，"我是总指挥，我需要提前过来检查设备情况，协调安排好材料，分配工人的工作。我提前做好准备工作，可以节省时间，提高工人工作效率。"

刘永刚1984年从部队转业分配到西南铝锻造厂，带着军人特质——冲锋与坚持，他扎根模锻生产的第一线，一干就是35年，完成了从普通士兵到国家级技能大师的完美蜕变。

面对操作台上涉及气压、水压、阀门、平衡等的70多个按钮，刘永刚能做到闭着眼就知道具体位置在哪里，哪个按钮先按，哪个后按，也因此练就在锻压直径长达几米的毛坯件时，能将误差控制在2毫米内的绝技。

作为一名模锻高级技师，刘永刚工作中承担的大多是国家航空航天、国防军工等重点产品的生产研制任务，责任重大，使命光荣。

在"神舟"系列航天用大锻件和大锻环的研制开发过程中，作为生产试制任务的骨干，刘永刚与专业技术人员进行工艺研究，每天连班作业10小时以上。攻克了一个个技术难关，在突破设备极限的基础上创下了5项历史性突破。

在新一代运载火箭用5—6米级大型铝合金锻环生产试制过程中，刘永刚发挥敢打硬仗的军人本色，与工程技术人员一道，遇到工艺难题积极想办法出主意，通过工艺创新，成功生产试制出直径达6.12米的"亚洲第一环"，使研制周期缩短18个月，节省大型设备投资费用3000万元，确保了国家重点型号产品按期交货。

二

2018年12月，刘永刚同研制团队一道，再次将大型铝合金锻环的直径扩大至10米级，刷新了铝合金锻环的世界纪录。

"我当过军人，上过战场，死都不怕，还会怕啃技术这块硬骨头？"刘永刚说，"工作上，只要自己肯用心、肯钻研，没有什么能够难倒我。"

重庆的夏日，高温难耐，可对于锻造工来说，比起室外的炎热，真正的考验却是在工作过程中，需要近距离地守着400摄氏度以上的模具，进行高温锻压。

一天的工作下来，刘永刚脸上满是油污，工作服被汗水浸湿了一套又一套，他却未曾离开，与工人们一起坚守一线。"炉前的操作精细严密，不能有丝毫之差，快三秒、慢三秒，都会使所制器具成为废品。"

"锻压工作虽然辛苦，但我从未后悔选择这个职业。"刘永刚表示，"每当我看到神舟飞船发射、嫦娥探测器登月，想到他们的铝合金锻件材料有可能是我们生产试制的，我就非常地自豪！"

勇于挑战、主动创新、迎难而上就是刘永刚对待工作的态度。35年的锻压工经历，28年工长岗位打磨，刘永刚交出一张漂亮的成绩单，荣获第十二届"中华技能大奖"、第十三届"全国职工职业道德建设先进个人"等荣誉。

三

在一次大型模锻件成型课题攻关中，刘永刚顶着研制任务急、产品质量要求高、成功率低的巨大压力，经过不断摸索、反复试验，打破传统，大胆创新，发明了一次成型中的"旋转式抹油法"，极大地缩短了生产周期，提高了生产效率，降低了生产成本，课题攻关取得突破性进展。

在某特大规格反挤压管材生产试制中，刘永刚主动请缨，在模具温度高达400摄氏度的环境下，亲自操作，不断尝试，经历10多次的工具优化和反复试验后，独创了"卡环操作法"。

忙碌中的时间总是过得很快，直到晚上8点，工作总算完成，刘永刚长舒一口气，招呼着工友一起吃个晚饭，聊下家常。

"我当了一辈子的锻压工，带了许多的徒弟，年轻人希望得到认可和信任，培养的过程中，还是要以鼓励和夸奖为主！"刘永刚表示，"我希望在退休之前，能把我的经验全都教给他们，培养更多的优秀接班人，做好锻造工艺的传承。"

在带徒传艺方面，刘永刚毫不保留，经常与徒弟们探讨和交流工作中遇到的各种问题，利用工余时间学习压力加工知识，亲自讲解和传授水压机操作要领，鼓励他们积极参加各种技能培训和岗位练兵比武,为公司培养了大量的技能型人才。

2013年,由人力资源和社会保障部授予的国家级"技能大师工作室"在西南铝锻造厂建立,刘永刚是带头人,传绝技、带高徒,为企业培养技能骨干。

每一颗普通的沙砾都是一个小宇宙,而每个小宇宙都能散发自己的光和热。刘永刚用实际行动在平凡的岗位上做着不平凡的贡献。数十年如一日地默默奉献、脚踏实地、刻苦钻研,用实际行动诠释着"工匠精神"。

改编自胡苏:《35年扎根模锻生产第一线 刷新铝合金锻造世界记录》,《重庆日报》,2019年10月11日。

张　杰：
用敬业坚守诠释工匠精神

人物简介：

张杰，男，汉族，1973年10月生，中共党员，重庆市轨道交通（集团）有限公司运营三公司工务维保部单轨道岔车间党支部书记、维保部副经理，"张杰技能大师工作室"负责人。2020年获得全国劳动模范荣誉称号，2021年获得全国优秀共产党员荣誉称号。

张杰（左一）在轨道车辆维修场和维修师傅交流车辆维保情况（罗斌　摄）

作为重庆单轨道岔技术的领军人才,2020年全国劳动模范、第十三届全国人大代表、重庆市轨道交通(集团)有限公司运营三公司工务维保部副经理张杰身上的荣誉还有很多:重庆市杰出英才、重庆市优秀技能人才、第十四届全国技术能手、"张杰国家级技能大师工作室"暨"张杰劳模创新工作室"负责人……

作为重庆轨道集团产业工人的代表,张杰扎根基层16年,把普通工作做到极致。如今他仍然埋头苦干、坚持奋斗在技术研发一线,用敬业坚守、默默奉献诠释着工匠精神的内涵。

攻克单轨技术难题

1992年,年仅19岁的张杰在重庆机电厂跟着师傅开始学习机械设备维修,这一干就是13年,也为他走上技能人才的道路打牢了基础。

2004年,张杰进入重庆轨道集团,从事单轨道岔的检修维护和技术革新工作。次年,重庆轨道交通2号线——国内第一条跨座式单轨线路、重庆第一条城市轨道交通线路开通试运营,开启了重庆的轨道交通时代。

那时,作为单轨系统三大核心技术之一的单轨道岔技术,在重庆乃至全国都是一片空白。跨座式单轨交通技术和设备大都引自国外,车辆、轨道梁、道岔等核心技术也都遵循国外的标准和规范。面对国外技术的壁垒,张杰清楚,必须掌握核心技术,让单轨道岔实现中国造、重庆造,才能解决根本问题。

重庆轨道集团对单轨道岔技术的创新需求与张杰攻坚克难的工

匠精神不谋而合，于是集团从硬件到软件、从人力到物力，都给予张杰大力支持，给他提供了实现技术突破的温床。

在道岔专家的带领下，张杰和同事们把"家"搬到工作室：他们买来专业书籍，白天自学技术资料，在现场进行测量、比对、绘图；晚上就记录读书笔记和学习心得，讨论技术问题。正是凭着这份敬业、精益求精和创新精神，张杰和团队掌握了单轨道岔核心技术，编制了国内第一部关于单轨道岔的维护手册，使重庆成为国内最早拥有跨座式单轨标准的城市。

30多本笔记见证匠心

这些年，无论走到哪里，张杰随身总是带着笔记本，遇到不懂的技术知识、总结出的"独家秘籍"和绝活儿都会马上记下，十几年下来，30多本笔记摞起来是厚厚的一沓，记录的各种资料数据超过20万字。因为对道岔的上千个标准数据了如指掌，他也被同事们戏称为道岔"活字典"。

在钻研道岔领域的攻坚路上，张杰始终不逃避任何一项困难，不放松任何一项要求。为了能有效减少列车停运时间，最大限度节省乘客的等待时间，他带领工作室成员反复摸索开发PLC监控程序，进行了成百上千次试验调整，最终，单轨道岔过程控制监控装置研发成功。该设备能直观地将道岔运行过程及状态、故障时间、点位等信息反映到人机界面上，能发现肉眼观察不到的隐患。

值得一提的是，这个设备解决了重庆轨道交通多年的难题，但事实上这样一个装置成本只花了2000元左右。他透露，下一步，道岔过程控制监控装置将在重庆轨道交通所有的道岔上投入使用,这将有效地提高轨道交通的故障处置和应急抢险效率。

打造后备人才梯队

张杰把发扬劳模精神,发挥"传、帮、带"作用,当成自己义不容辞的责任,他会毫无保留地把自己的工作日志借给工友们看,还经常组织召开班组攻关讨论会,开展道岔理论知识的理论培训。正是通过"教学练比"等现场技能切磋,团队人员的技术水平快速提升,促使大家共同提高。

自"张杰技能大师工作室"2012年成立后,每年实施3—5个项目,包括研发、技改以及设备出现临时突发情况的调试和改造。2014年,工作室被授予"轨道集团张杰劳模创新工作室""重庆市优秀大师工作室""国家级张杰技能大师工作室"称号。截至目前,工作室已完成科技创新和设备改造升级20余项,拥有国家新型实用专利7项,获得国家级、市级荣誉10余项。

时光荏苒,当年的毛头小伙已在时光的砥砺中成长为全国劳动模范、全国技术能手。作为一名党员、一名匠人,张杰始终以坚定的理想信念、高度的敬业精神、忘我的担当进取,打磨匠心,秉承恒心,生动诠释了"爱岗敬业、争创一流、艰苦奋斗、勇于创新,淡泊名利、甘于奉献"的劳模精神。

改编自潘锋、张月:《精研单轨道岔 诠释工匠精神》,《重庆日报》,2020年12月10日。

刘 源：
"看听析查"成就机电"神医"

人物简介：

刘源，男，汉族，1971年7月生，中共党员，重庆长安汽车股份有限公司维修电工，高级技师，享受国务院政府特殊津贴。2020年获得全国劳动模范荣誉称号。

刘源演示自己维修检查汽车故障的工作方法（张锦辉 摄）

五、匠心篇——精益求精

全国劳动模范刘源是重庆长安汽车股份有限公司维修电工、高级技师、电气高级工程师。

32年来，他一直从事设备维修与创新，攻克了一个又一个技术难题，成为业界有名的"技能大师"，为长安汽车自主品牌的发展作出了突出的贡献。他先后荣获中央企业劳动模范、国务院政府特殊津贴专家、全国技术能手等称号，并获得"中华技能大奖"。

从普通电工到巴渝工匠

刘源从小就对电器维修兴趣浓厚，大专毕业后他进入长安汽车，成为一名普通电工，从此与维修结下不解之缘。

针对发动机零件产品加工过程中的安全隐患和节拍过慢的问题，刘源利用下班、机器空闲的时间反复试验、调试，设计出"实现自动进刀攻牙机电器自动控制"实用新型专利，使技术改进后的设备满足了车间上量的要求，极大地提高了设备使用率和生产效率，安全性能得到大幅提高。

在刘源看来，技术改进永无止境。近几年来，刘源牵头或参与完成各类技术攻关、改造、抢修100余项，在多个技术领域不同程度打破了国外垄断，节约维修费用约310万元，减少停线损失245万元。他制订的《板料检测装置标准》和主导的设备改造使设备故障率降低80%以上，维修时间减少70%。仅此一项，每年就为企业节约维修费16万余元，减少设备停机造成的经济损失上百万元。

"降低滑撬锁紧站故障时间""降低压力机设备故障率"项目，

节创价值216.7万元,分获2018年、2019年重庆质量管理小组活动一等奖,创新成果转化145万元,直接创造价值911.54万元。

3小时修复瑞士专家搞不定的故障

通过不断探索和积累,刘源沉淀出了一套属于自己的"看、听、析、查"四步维修绝招。

公司轿车冲压生产线发生紧急停止故障,在瑞士维修工程师感到束手无策时,刘源利用自己的技术绝技对通信组件进行拆卸、分析,查找故障部位及损坏器件,最终仅用3小时对设备进行了修复,由此节约维修费用8万余元,减少工厂停产、停线损失160余万元。

近年来,刘源担任公司全自动化压力机生产线设备维修工作,多次带领小组人员解决各种先进自动化设备疑难杂症,同时还对北京长安、合肥长安、欧尚事业部、模具事业部提供维修技术支持,参与重大设备故障抢修100余次,减少经济损失约300万元。

刘源还依托自创的"四步维修法",撰写出《探伤机电路控制快速维修》,极大地降低了设备的维修时间,填补了国内维修资料空白。

从维修师傅到培训大师

为将设备维修案例、技术、经验"留下来",刘源历时1年半,开发出《长安汽车机电维修岗位能力认证课程》(6册),课程61门,涉及1516个专业技术知识点,涵盖了公司所有工艺设备和能源设备;他牵头编制了《长安汽车大学设备保全系列课程——培训手册》(5册7本),成为职业能力鉴定补充标准教材,堪称长安汽车设备维修的"百科全书"。

为培养更多的机电维修人才,近年来,刘源依托"刘源劳模创新示范工作室",致力于机电设备前沿技术的研究、改善、创新及开展高技能人才培养。工作室先后与ABB(中国)公司、SMC(中国)公司、川崎(重庆)机器人公司合作建立技术交流培训中心。

刘源已先后培养出全国技术能手5名、公司技能专家3名、高级技师8名、技师16名,从而获得了"国家人才培养突出贡献奖"。

改编自潘锋:《"看听析查"成就机电"神医"》,《重庆日报》,2021年2月2日。

柏兴旺：
他焊的铁板有种特别的美感

人物简介：

柏兴旺，男，汉族，1969年12月生，中共党员，国网重庆铜梁区供电有限责任公司工人。2015年获得全国劳动模范荣誉称号。

柏兴旺手持焊枪，正在作业（国网重庆铜梁区供电有限责任公司 供图）

一般焊工焊的东西,看起来都差不多,但柏兴旺焊的东西,总是一眼就能被别人认出来。

2016年4月19日,在记者面前,柏兴旺手持焊枪,夹起一根焊条引燃。顿时,弧光闪烁、焊花飞舞。他焊接的铁板,接口处呈非常均匀的鱼鳞状,层层铺开,看上去有种精致而特别的美感。

"这是千锤百炼的'功力'!"柏兴旺所属工程队队长王家川,毫不吝惜对柏兴旺的赞赏。

深厚的功力,来自柏兴旺26年如一日坚守焊接一线,刻苦钻研焊接技术。

"我一定要把这技术学到手!"

苦和累,是许多人对焊工这一职业的总体印象。有首打油诗这样说:"软车工、硬钳工,打死也不当焊工。"那么,柏兴旺为什么选择当了焊工?

故事要从1989年说起。当时,20岁的柏兴旺通过考试进入当时的铜梁电力公司。那年,当地有两个重点电力工程同时开工,急需焊工。柏兴旺便主动请缨,提出要学习焊接技术。"最开始对焊接这一行并没有特别的想法,就是觉得这工作有技术含量,而且单位也很需要。"

学艺第一天,柏兴旺蹲在一旁,羡慕地看着师傅熟练操作,不时还偷偷拿下护目镜,欣赏那漂亮的蓝色弧光。可一到晚上,他才知道厉害——双眼红肿,泪流不止,眼里就像放进去了一把沙子。蓝色弧光刺痛了双眼,也激起了他骨子里的犟劲:"我一定要把这技术学到手!"

焊工的苦与累,果然不是假的。柏兴旺学焊工时,经常一练就是好几个小时,汗水浸湿工作服、焊花灼伤耳朵都是常事。两个月里,他的体重从110斤减到了100斤。

由于学艺太过艰苦,柏兴旺也想过放弃。但在一次向父亲倾诉时,父亲鼓励他:"有的人说焊工脏、累,没技术含量,我不这么看,任何行当里都有深'功夫',就看你能不能练到那一步。"

一份超超常人的追求和坚守

柏兴旺的父亲从事过许多职业:力夫、煤矿工人、修理工,父亲的朴素、勤奋和诚恳,从小就烙刻在柏兴旺的心中。柏兴旺认为,父亲用简单的言语,教会他一个最重要的道理:越是平凡的岗位,想要做出优异成绩,就越需要一份超越常人的追求和坚守。

柏兴旺的韧劲爆发出来了。一年学徒期满,他已能熟练掌握焊工技术操作要领,能焊接不同材质、形状、厚薄的板材和管材。看到年仅21岁的柏兴旺的焊件焊缝平滑齐整,焊口"天衣无缝",师傅和公司领导都不住称赞。

柏兴旺成了一名合格焊工,但他并不甘止步于此。利用业余时间,他主动报名参加电力专科学校的一体化教育学习,同时抓住各种培训和学习交流机会,不断提高焊接技术。

他迷上了比普通焊接难得多的"鱼鳞"焊接法。这种焊接法,要求焊机使用最大电流才能达到效果,但这又会增加焊钳的温度,导致柏兴旺在工作中,不得不停下来等焊钳冷却,有时一等就是好几分钟。对此，他想了好多办法，缠布条、塞棉花，但都没有解决问题。

"可不可以采用人不休息，机器休息的方法呀？"最终，柏兴旺想出一个点子，将原来的单头焊钳改进为双头焊钳，当焊钳发热到一定温度时，就更换成另一个，从而实现不间断工作。这样一来，焊接效率大大提升，原来需要一个小时的焊接工作，现在只要三四十分钟。

"拿不动焊枪，就拿书本"

爱学习和钻研，让柏兴旺具备了成为焊接"顶尖高手"的基本条件。而长期繁重和辛劳的一线工作，则锤炼了他的技艺和职业精神。26年来，每逢节假日，他带队在外抢修是家常便饭；抢修紧张时，从头天凌晨五六点钟工作到次日凌晨三四点，才能吃上一口饭；焊完电杆，再爬电杆，电焊完后，再奔赴线路抢修……柏兴旺忙碌而充实。

柏兴旺常常在跟妻子闲谈时说："等我拿不动焊枪、爬不上电杆了，我就改行。"

"改行了，你能做什么呢？"妻子问。

"拿不动焊枪，就拿书本，退休后，我还想写写关于焊接的理论与实践，没准儿还能出本书呢！"老柏说，"我这辈子，反正是跟焊接'焊牢'了。"

改编自白麟：《他焊的铁板有种特别的美感》，《重庆日报》，2016年4月20日。

姚鸿洲：
梦想造"通达九州"的轨道车辆

人物简介：

姚鸿洲，男，汉族，1985年10月生，中共党员，重庆中车长客轨道车辆有限公司技术部副部长、电气组组长、助理工程师。2015年获得全国劳动模范荣誉称号。

2017年11月7日，姚鸿洲（中间手拿图纸者）在装配车间与同事们研讨制造工艺（申晓佳 摄）

2017年底,重庆轨道10号线实现开通营运,成为打通南北向交通的又一干道。

作为10号线轨道车辆制造项目的主导者,党的十九大代表、重庆中车长客轨道车辆有限公司技术部副部长姚鸿洲长期泡在车间和办公室。在即将赴京参会的前一周,他仍然保持着每天加班一小时的习惯。

"车辆制造的工艺技术精度要求非常高,我们要随时和车间保持沟通。"10月10日,姚鸿洲接受采访时如此表示。

研发大马力山地轨道车型

说起10号线,姚鸿洲一脸自豪——这是重庆首次在标准A/B型车的基础上研制出的一种山地新车型,简称As型车。As型车更加适应重庆山地城市坡道大、转弯半径小、车站埋深大等实际情况,爬坡能力最大能达到50‰,大大超过之前的30‰。而且车辆的小曲线通过能力好,厢体内空更高更舒适,运载量也将进一步提升。

轨道车辆性能的每一点改善,都包含着姚鸿洲和技术团队的心血和汗水。从2011年担任轨道车辆技术主管至今,他先后牵头完成了重庆市轨道交通3号线及其延长线、重庆市轨道交通1号线、重庆市轨道交通6号线及其支线和二期工程、成都地铁3号线、重庆市轨道交通环线、重庆市轨道交通10号线等项目的技术管理工作;组织并参与编制和升级的工艺文件、工艺图表、工艺方案和工艺流程共计500余项,设计改造工装80余项,编制和升级公司制度

60余项，制定企业标准20余项，连续9年实现安全事故零记录。

"全能达人"获8项实用新型专利

在同事眼中，姚鸿洲是个不折不扣的"全能达人"，善观察、爱琢磨，最终总能拿出让人佩服的成果。

到重庆长客轨道车辆有限公司工作后，姚鸿洲发现地铁车辆司机室一直采用手工布线方式。每个司机室需要布置几千根连接线，手工布线不仅效率低下，还容易出现失误。

姚鸿洲向企业申请了"布线模板设计"课题，从此一头扎在司机室里，认真研究几千根接线的手工布置规则，并逐一进行现场分析，常常半夜才回宿舍。

功夫不负有心人，经过反复实验，姚鸿洲在2011年成功发明了"司机室下线模板"。有了这个小小的模板，整个车辆装配进度较之前周期缩短了5天，平均每年为公司累计节约线缆和人力成本近244万元，这一成果成功申请到国家专利。

2010年以来，姚鸿洲累计获得实用新型专利8项，其中作为第一发明人的有5项。这些在世界轻轨车辆领域领先的创新技术，为公司代表中国轻轨战胜国际竞争者发挥了重要作用。

攻克难关　造"通达九州"的轨道车辆

长着一张娃娃脸的姚鸿洲，内心却有着宏大梦想——让轨道交通覆盖更广，轨道车辆跑得更快，通达九州。

为此，他和同事们正在努力攻克"双流制"轨道车辆这一国内外轨道交通的难关。

姚鸿洲解释说，现在我们坐火车出门，都要先坐地铁或轻轨到火车站，再转乘城际间的火车到达目的地。双流制车就是要解决城市地铁、轻轨车辆如何能在城际"大铁路网"上跑的问题，如果解决了，未来我们就有望从家门口坐轨道交通直接到达千里之外的目的地。

2017年，这一技术只有欧洲的个别国家掌握。而姚鸿洲团队当时已经基本攻克了技术难关。与此同时，姚鸿洲还致力于编撰都市快线车辆的通用技术标准，对车辆的使用条件、车辆基本技术规格、列车网络控制系统、列车车地通信、安全设施等进行统一。"有了这个标准，我们在行业领域里的话语权就更大，创新研发的前景也会更广阔。"

改编自罗静雯：《梦想造"通达九州"的轨道车辆》，《重庆日报》，2017年10月12日。

杨德正：
"我就想研制中国最好的水泵"

人物简介：

　　杨德正，男，汉族，1970年6月生，中共党员，重庆水泵厂有限责任公司机械室主任、高级工程师。2015年获得全国劳动模范荣誉称号。

杨德正在办公室工作（周松 摄）

杨德正是重庆水泵厂有限责任公司机械室主任、高级工程师，1995年6月毕业于重庆工商大学（原渝州大学）机械工程系机械制造与设备专业，长期从事成套除鳞系统设计研发工作。

对机械的好奇，让他走上创新之路

"我老家是农村的，从小就对机械很感兴趣。"杨德正说，小时候在农村，能接触到的机械不多，只有水泵等，但是他从小就对机械很好奇，想弄懂它们的工作原理。

高中毕业考大学时，他就选择了机械工程系机械制造与设备专业。

不过，也正是这份好奇心，让杨德正在研发的道路上一直走到今天。

大学毕业后，杨德正进入重庆水泵厂有限责任公司（以下简称重泵公司）工作，工作刚几年，重泵公司的一项新设备研究，吸引了他的注意。

钢铁在高温状态下被氧化，会在表面形成一层致密的氧化铁皮，而利用高压水的机械冲击力来除去氧化铁皮的方法是最通行有效的做法，这也叫高压水除鳞法。

面对高压水除鳞这个新兴的市场，2000年，重泵公司决定开发高压水除鳞设备，杨德正和同事们承担起高压水除鳞设备开发的主要工作。

高压水除鳞设备是一个很复杂的系统，涉及机械、电气、液压等专业。

在当时，高压水除鳞这方面的资料很少，为了完成这项开发设计，杨德正经常到图书馆查取资料，收集相关信息，不断积累除鳞系统的相关数据、设备配置。

经过几年的努力，重泵公司制造的除鳞系统得到了逐步完善，在冶金行业得到广泛推广，使用重泵公司除鳞系统的国内钢厂在冶金行业占到90%。

潜心研究，每年为我国钢铁行业节能数十亿元

在这20多年的科研工作中，杨德正取得了许多成果，其中有一项填补了我国相关领域的技术空白。

在工作中，杨德正研究发现，变频器得到发展并在各个领域中成熟应用。杨德正敏锐地捕捉到变频器技术的好处，立即研究将其引入到除鳞系统中，使除鳞效果更佳。

随后，杨德正通过科研，通过使用变频器，不但把除鳞系统中泵的转速降了下来，还把电机的转速也减了下来，而且泵与电机直接连接，没有能量损失，因此节能效果更为显著，同时减小了占地面积，降低了系统的维护量。

经杨德正设计改进后的除鳞系统在国内多家钢铁厂成功使用。2013年，杨德正主持研发的高压除鳞系统出口至世界最大的钢铁企业之一——韩国浦项制铁，赢得了该公司的高度赞赏。

此外，杨德正在开发设计中厚板高压水除鳞系统时发现，除鳞泵的电机功率很大，耗能很高。他随即通过研究，实现了在不除鳞时，利用变频器把电机的中转速降低，从而达到节能效果。

基于这一研究成果,杨德正成功地改造了我国多家钢铁厂的高压水除鳞系统,实现了平均一台泵一年能节约400万—600万度电,该项成果每年为钢铁行业在节能方面节约数十亿元。

坚持创新,为企业进军页岩气开采行业创造机会

创新是杨德正一直不变的追求。

2013年,根据公司的发展战略需要,杨德正开始主持研发煤层气水力压裂泵组,该泵组运用液力变速器变挡调速、变频器无级调速,大大提高压裂速度,增大压裂范围,提高了瓦斯的产量,保证了煤矿井下作业的安全性。

2014年2月,重泵公司煤层气压裂泵组完成各项性能试验,成功交付用户试运行,标志着重泵公司100MPa水力压裂装置研制成功,重泵公司由此挺进年需求数亿元的岩层水力压裂市场。

目前,该泵组已成功运用于重庆天府煤矿、永荣煤矿,贵州六枝、盘江、水城等煤矿,该成果为重泵公司进军100MPa煤层气、页岩气和石油钻采行业创造了机会。

除了加强科研工作,杨德正还不忘开展"传帮带"。

在日常工作中,杨德正毫无保留地将自己的设计分享给新来的同事们,还耐心地讲解系统原理、设计中注意事项、系统常见的一些问题及解决方法,并仔细地帮他们校图,使他们尽快成长起来。

"我一直保持着审视自己的习惯,不管做得多好,那只能代表昨天。昨天的成绩为你提供了成功的平台,而更高的挑战应该从更

低处做起。我一辈子最想做、最喜欢做的事情,就是研制中国最好的水泵。"杨德正说。

改编自周松采写的《坚持创新研发,为我国钢铁企业实现节能减排》稿件。

六、事业篇

——创新实干

鲜学福：
中国煤层瓦斯基础研究的开拓者

人物简介：

鲜学福，男，汉族，1929年1月生，中共党员，重庆大学教授，中国工程院院士，著名矿山安全技术专家，煤层瓦斯（煤层气）基础研究的开拓者。2019年获得"庆祝中华人民共和国成立70周年"纪念章及"最美奋斗者"荣誉称号，2000年获得全国先进工作者荣誉称号。

鲜学福（苏思 摄）

"只要你们想学,我一定会坚持送走最后一位学生。"

2018年5月,重庆大学已经有了夏天的景象,到处都是青翠欲滴的树木和拍毕业照的学生们。

校园里,一位89岁的老人也嗅到了毕业的气息。两个多月前,他就开始逐字逐句为学生们修改毕业论文了。

不过,今年这个毕业季对于这位老人而言,别离的味道或许要比往年更浓一些。因为送走最后这一届博士研究生后,老人就将真正告别杏坛了。

1956年,老人来到重庆大学采矿系执教,一晃就是62年。62年来,他几十年如一日地工作,送走一批又一批优秀学子。

老人曾感慨地对学生们说:"我特别想带你们年轻人,为国家培养更多的人才。虽然我身体不大好,但只要你们想学,我一定会坚持送走最后一位学生。"

如老人所承诺的那样,他一直坚持到了89岁。

这位和重庆大学同龄的老人,就是中国工程院院士、我国著名矿山安全技术专家、煤层气基础研究的开拓者鲜学福。

一字一句总关情

2018年3月9日,殷宏来到导师鲜学福的办公室,把6万余字、120多页的论文交到导师手里。

"距离送审还有1个多月,不着急,您慢慢看。"考虑到导师的身体状况,殷宏特意嘱咐道。

让殷宏意外的是,10天后,他就接到鲜学福秘书王琴的电话。

王琴说:"鲜老师已经把你的论文改完了。"

除了把修改后的论文返还给殷宏,鲜学福还手写了两页修改意见。

这是一本沉甸甸的论文,每一页都布满了铅笔写下的修改批注,大到结构调整,小到标点符号,有的地方还有橡皮擦反复擦拭的痕迹……这些痕迹表明,每一处修改批注都是鲜学福反复斟酌后写下的。

看着密密麻麻的批注,殷宏能够想象出这位89岁老人埋头修改论文的样子,既心疼又感动。

"在成为鲜老师的学生之前,我从来没有看到过这么细致的修改意见。从鲜老师身上,我看到了老一辈科学家对待科研、学术、教学的认真、严谨和专注。这是我这5年来最大的收获。"殷宏说。

眼看就要博士毕业了,殷宏专门整理了导师为他修改过的文稿。

5年下来,经鲜学福修改过的文稿已经累积了很多,但殷宏一份也舍不得丢。他不仅将所有文稿保存完好,还将每份文稿都扫描进了电脑里备份。

和殷宏一样,重庆大学资源及环境科学学院安全系教授许江也保留了不少这样的文稿。

许江是鲜学福1978级的学生,他至今仍然保存着当年的博士论文、教科书以及各个项目的申报材料,这些都是鲜学福仔细修改过的。

"鲜老师对学生们的影响是很深远的。我们把这些文稿保存几十年,是因为它们很珍贵。珍贵的也许不是文稿本身,而是它所代表的精神。"许江说。

全面建成小康社会重庆奋斗者

不忘初心得始终

"他是真的把工作融入自己的生命了。"

2018年5月7日下午,记者在资环学院采访时,鲜学福正和学院领导在会议室开学术会议。

会议从下午2点半就开始了,到下午5点多还没有结束的迹象。有老师去会议室送资料,看到鲜学福正在发言。

即便已经89岁高龄,但鲜学福依然是学院学科建设、人才引进等方面的重要把关者。

每年春天,都是鲜学福最为繁忙的时候,今年尤甚。因为学生毕业、国家重点实验室评估等大事全都凑到了一块。

看到鲜学福这么忙,他的女儿鲜晓东不由得担心起父亲的身体来。

5年前,也是在国家重点实验室评估期间,鲜学福每天都要参与评估工作,所有评估材料都要把关。

"那段时间他压力很大,身体也出了问题,但他一直坚持着,没跟身边的人说。"鲜晓东还记得,实验室评估结束后的那个下午,秘书看出父亲的不适,先是把他送回了家,而后家人又立即把他送往医院。

"那一次是真的差点要了命了。"鲜晓东现在想起仍觉后怕。

那次,鲜学福高烧近40摄氏度,引发肺炎,人已变得昏昏沉沉,在医院住了半个多月才有所好转。

出院后,还没等到身体完全恢复,鲜学福又去办公室上班了。

家人曾不止一次劝过鲜学福,但他总说自己心里有数。

鲜学福很少和旁人提及自己的人生追求。几年前,他在自己的个人总结中这样写道:"我的求学之路一直在警示我,学海无涯、人生苦短、珍惜时光、多干实事、回报祖国,这才是人生之所在。"

鲜学福一直是这样践行这一人生追求的。

改革开放以来的40年,鲜学福一直紧盯国家能源需求,为我国矿山安全技术及工程领域、矿井煤层瓦斯开采理论及工程应用等领域的研究作出了巨大贡献。

夕阳美在晚霞红

2018年5月10日,尹光志在许江的办公室里回忆起了许多往事。离这间办公室几米远的走廊尽头,就是恩师鲜学福的办公室。

这间办公室不大,门牌也被鲜学福叫人取了下来。屋里大部分空间都被书占据了,就连办公桌旁的窗台上,都垒着高高的旧书。

十几年前,鲜学福听说重庆大学图书馆在清理旧书,立即请了两个人去挑了两担旧书回来。

这些旧书,大都是俄文专业书籍。鲜学福年轻时的许多积淀与灵感,都来源于这些旧书。之所以把这些旧书找回来,是因为鲜学福觉得里面还有可供学习的内容。他在办公室把这些旧书重新整理了一遍,怕学生看不懂俄文,又将重要内容用中文翻译并摘抄下来。

这些资料笔记现在已经垒了半米多高,一字一句都是鲜学福留给学生们的宝贵财富。

学生们忍不住感叹说,几十年过去了,许多东西都变了,唯独鲜老师,一点都没变。

每天早上7点15分左右,驾驶员叶太斌就会准时开车到鲜学福家楼下。自从2002年成为鲜学福的驾驶员后,这个习惯一直延续至今。

"一年365天,鲜老师只休息4天,就是除夕到初三。周末他也上班,但他周末让我休息,不叫我接送,他自己慢慢走路上班。"叶太斌说。

通常,鲜学福都会比约定的时间早到一些,因为他怕叶师傅在楼下等。

只需要几分钟,这辆已经用了16年的黑色轿车就会到达煤矿灾害动力学与控制国家重点实验室的大楼前。

鲜学福提着一个用了十几年的公文包慢慢下车,然后缓缓走进这栋楼。接着,他需要借助扶手,才能一步一步走完52级楼梯到达办公室,然后在窗边坐下,开始一天的工作。

进入耄耋之年后,除了教学和钻研,鲜学福还喜欢上了作诗。在一幅题词中,他有感而发:"往事如烟随风去,人情冷暖留人间。万事万物多奇妙,乐在对其探索中。人生在世难长久,夕阳美在晚霞红。"

5月10日下午,鲜学福把这幅题词交到尹光志和许江手里,鼓励他们要对世界抱有好奇心,学会享受科研的乐趣。40年过去了,鲜学福倾心培养的学生们,也迎来了他们学术生涯的黄金时期。

改编自唐余方:《这位89岁的院士告诉你,什么才是"人生之所在"》,《当代党员》,2018年第11期。

易志坚：
开创"沙漠土壤化"试验的先行者

人物简介：

易志坚，男，汉族，1963年7月生，中共党员，重庆交通大学副校长，国家级有突出贡献的中青年专家，享受国务院政府特殊津贴。2021年获得全国"最美科技工作者"荣誉称号。

易志坚在内蒙古乌兰布和沙漠土壤化试验田介绍高粱生长情况（万难 摄）

一条穿沙公路横贯广袤的沙漠，有"红色公牛"之称的乌兰布和沙漠绵延无边，直抵黄河。

位于内蒙古阿拉善盟境内的乌兰布和沙漠，总面积约1万平方公里，是中国八大沙漠之一，其每年输入黄河的沙子达1亿吨，是黄河泥沙以及北方沙尘暴的主要来源。

压弯了腰的红高粱、大片丰茂的绿色牧草……在乌兰布和沙漠，却神奇地出现一大片地毯式的"绿洲"。

这片"绿洲"正是重庆交通大学副校长、博士生导师易志坚教授带领团队，运用力学治沙原理种出的4000余亩"沙漠土壤化生态修复产业示范基地"。

2021年11月5日，易志坚获得"最美科技工作者"称号。他为什么能获此殊荣？"沙漠土壤化"究竟是一项什么技术？"力学治沙"的奥秘何在？对此，记者做了跟踪采访报道。

力学"密码"让沙子变成了土壤

"沙漠不缺水，而是存不住水。"2021年9月18日，内蒙古乌兰布和沙漠基地，易志坚蹲在沙地上，正专心致志地为数十位专家介绍"力学治沙"的原理。

这些专家包括中国工程院院士李术才，以及来自山东大学、黑龙江省农科院、国家发展和改革委员会中国宏观经济院、中国科学院重庆绿色智能技术研究院等高校和科研机构的近20名力学专家、土壤学家、生态学家和农学家。

他们受中国产学研合作促进会、重庆科技成果转化促进会邀请,前往内蒙古自治区阿拉善盟乌海市参加对重庆交通大学完成的"沙漠土壤化关键技术与生态治理示范工程"科技项目成果评价会。

在基地,交大工作人员现场演示了"力学治沙"。工作人员将团队发明的植物黏合剂混合在一堆黄沙中,这堆散沙很快黏合成一团"土"。舀一瓢水浇在这团"土"上,水静静地停留在这团"土"中间。旁边,直接浇在一堆沙子上的水,则很快全部往下渗漏了。

工作人员解释,早在2008年,从事力学研究多年的易志坚在研究中发现:土壤具备保水保肥的能力是因为土壤颗粒之间存在万向约束力。

这种约束使土壤能够"抱住"植物根系,从而维持植物稳定,并且保水、保肥和透气。交大科研团队研发的植物性纤维黏合剂加入沙中的比例仅需3/1000以下,土壤厚度达20厘米即可种植。

沙漠里"藏着"绿水青山、金山银山

正值金秋,重庆日报记者看到,在内蒙古乌兰布和"沙漠土壤化"基地里栽种的40多种农作物已进入成熟期。根系发达的高粱、果实累累的土豆……让专家们眼前一亮。

"这萝卜真大!一个有三四斤吧?""这窝土豆好茂密!整整50个,共4.35公斤!"专家组成员或拍照记录,或拿出仪器比量根系的长度、记录瓜果的大小。

交大团队已在内蒙古乌兰布和、新疆和田、四川若尔盖等多地试验成功,目前总种植基地达到1.7万亩。

基地有一块特别的200亩荒漠化试验区，易志坚告诉大家，2017年8月，科研团队在这块试验区，用植物黏合剂将沙漠土壤化后，撒上梭梭、沙棘等耐旱植物种子，待其发芽出苗后便不再进行浇灌。

这块4年间不曾人工浇过水的试验区，仅靠自然降雨供给植物生长。记者看见，尽管这块试验地的作物不像人工管护的基地那样欣欣向荣，但近一人高的植物都顽强地生长着，起到固沙、固碳的作用。

"獾、狐狸、老鼠、麻雀……这些动物不时在基地出现，证明这里已经形成良好的生态系统。"易志坚说，团队"力学治沙"走的是"力学+生态+农业"路子，在多学科交叉创新的科学治理下，沙漠也可以变成绿水青山、金山银山。

专家们认定该项成果达到国际领先水平

"沙漠土壤化技术的推广应用情况如何？""用水情况怎么样？"……2021年9月18日，在重庆交通大学"沙漠土壤化关键技术与生态治理示范工程"科技项目成果评价会上，评价委员会的专家们围绕沙漠土壤化后的各项指标，所产生的经济效益、生态效益等，认真进行了质询。

"我们优选了一批适宜沙漠种植的植物，如狼尾草、高粱等数十种植物，产量都很高。""根据监测，内蒙古乌兰布和沙漠土壤化后每亩地的用水量为300至500立方米，比当地农地灌溉定额标准节水30%以上。""目前，团队在技术创新、生产体系方面的各项

六、事业篇——创新实干

科研成果，已获得中国、澳大利亚、摩洛哥等国发明专利授权22项。"……针对专家们提出的质询，易志坚和团队成员一一回答。

团队成员称："在2019年和2020年，内蒙古自治区阿拉善盟农牧局、新疆和田农业农村局分别组织第三方检测机构对乌兰布和、和田基地的高粱进行了测产，平均亩产分别为789公斤、614公斤，国家统计局2017年数据显示全国高粱平均亩产为324公斤。"

对沙漠土壤化后的生态改变，专家们尤为关心。团队成员展示了一张张基地的幻灯片和检测机构的结果，并称，沙漠土壤化改造后沙地地下生物量丰富，与当地红土地（黏土）上自然种植的同等植物的根系生物量相比，平均生物量提高3倍以上。几年耕种下来，沙地里部分区域已出现生物结皮（又称"土壤微生物结皮"，是由微细菌、真菌、苔藓等植物及其菌丝、分泌物与土壤沙砾黏结形成的复合物，对沙漠的固定、土壤抗风蚀水蚀等有重要意义）。

在2018年和2019年，团队邀请国际国内第三方检测机构，如通标标准技术服务有限公司、华测检测认证集团股份有限公司，对土壤成分、农作物营养成分进行了检测。结果显示：其中，土壤达到绿色食品产地环境标准，高粱、番茄、萝卜、西瓜、茄子、辣椒、土豆、葵花籽等主要农产品获得绿色食品认证。

3个多小时的质询和讨论结束后，专家一致认为："'沙漠土壤化'是一项颠覆性的原创性、突破性成果，其经济、社会、生态效益明显，对国家生态安全、粮食安全等具有重要意义，为全球沙漠治理提供借鉴。"

经过仔细商榷，最终，专家们认定该项成果达到国际领先水平，综合评价报告给出95.29的高分，并建议进一步加强"沙漠土壤化"生态治理技术的系统理论研究和推广应用。

全面建成小康社会重庆奋斗者

"阿拉善盟计划在贺兰山和狼山之间的缺口，建立一道从南至北100公里的生态屏障。"参加评审会的内蒙古阿拉善盟发改委副主任墨孟军也表示，阿拉善盟已完善《"乌贺原"生态屏障工程建设规划（2021—2035年）》，这项规划为我国西北生态脆弱区的保护和治理进行顶层设计，从而阻止黄沙进入黄河、河北。他认为："重庆交大的沙漠土壤化技术，将为阿拉善盟建这道生态屏障起到巨大的支撑作用，助力阿拉善盟高质量发展。"

改编自张永才、李星婷：《易志坚和他的"沙漠土壤化"试验》，《重庆日报》，2021年11月7日。

毛 青：
"我敬畏这个职业，尊重每一个生命"

人物简介：

　　毛青，男，汉族，1964年5月生，中共党员，陆军军医大学第一附属医院感染病科主任。2020年获得全国"最美新时代革命军人""中国好人"等荣誉称号。

毛青（左一）在医院科室的早班晨会上（梅垠 摄）

57岁，37年党龄，40年军龄，这是属于陆军军医大学第一附属医院感染病科主任毛青的人生数字。

从利比里亚到湖北武汉，无论是埃博拉病毒还是新型冠状病毒，毛青总是选择第一个上，他是医护人员、患者心中的"定海神针"。

2021年12月27日，毛青荣获2019—2020年度富民兴渝贡献奖。在接受记者采访时，毛青说："医生是一份特殊的职业，我敬畏这个职业，尊重每一个生命。"

"有多少人出征，我就负责把多少人带回"

2020年1月24日，除夕凌晨，医院接到抽组医疗队的命令。毛青随后接到电话："院里要组建医疗队驰援武汉，征求你的意见。"没等电话那头说完话，毛青就说："那肯定我去！"

其实，在这之前，毛青的身体就报了警——右髋关节发炎疼痛，有时走路会忽然向下一崴。但此时的毛青已经顾不上身体。"别人去叫奉献，对我那是责无旁贷！"

凌晨接到援助武汉通知，6个小时后，一支150人的医疗队伍抽组完成。面对未知的病毒，众人难免有担心、紧张。

"有多少人出征，我就负责把多少人带回！"毛青铿锵有力的话语，似重锤敲响战鼓，撞击着每个人的心扉，增强了队伍迎战新冠病毒的决心信心。

与高危污染物、烈性传染病打交道30多年，毛青说这句话，是有底气的——2003年"非典"肆虐，毛青所在感染病科收治5名

"非典"病人，他一面指挥诊治，一面指导全院防控工作，直到疫情结束；2014年，毛青主动请缨，带队赴非洲执行援助利比里亚抗击埃博拉疫情的医疗任务。毛青和其他感控专家一起，不断优化设计防护流程，为实现在异国抗疫"打胜仗、零感染"上了"保险"。

医疗队的第一站是金银潭医院，毛青和战友48小时内就完成实地了解诊疗环境、病区改造设置、制定工作规范流程等工作，并整体接管医院的两个病区。

一周后，医疗队转战火神山医院。火神山医院正式收治患者前，毛青把通道、病房走了个遍，从手套怎么放、哪扇门加锁，到消毒水摆哪里、空气怎么流动都无一疏漏。他说："不真正走一遍发现不了问题，我得对战友、对患者负责。"

那段时间，大家遇到疑难问题第一时间就会想到他，经常电话接通就是："毛教授，您能过来一下吗？"

"有他在，大家心里都很稳。"与毛青一起支援武汉的战友李琦道出了很多人的心声。

"躲在后面算什么专家"

为提升救治能力，火神山医院决定再成立一个综合科，共60张病床。毛青请战担当科主任。

2020年2月12日，综合科收治首批患者，毛青与医护人员一起，穿着密不透风的防护服，严阵以待。救护车门打开，一位89岁的患者躺在担架上，已经没有力气下车。毛青二话没说，走上前去把老人抱了下来。

见毛青毫无畏惧,几名医护人员也一起动手,把患者抬进病房。"你讲得再好,遇到危险不往前冲,别人也不会相信你。"毛青坦然地说,"躲在后面算什么专家!"

那一天,他身穿3层防护衣,在病人通道入口站了5个小时。

在很多人眼里,毛青是"拼命三郎"。在陆军军医大学医疗队队长、火神山医院副院长徐迪雄的记忆里,毛青总是凌晨2点睡觉,早上8点到病房工作,每天要接数十个电话。

有一次在通勤车上,同事给毛青让座,他一反常态地接受了。"谢谢你!昨晚没合眼,确实想要眯一会儿。"原来,前一晚,他和卞修武院士团队一起忙了一整夜。

"和年轻小伙们一起搬器械、挪床,什么活儿他都干;每次有患者进入'红区',领路的都是毛青。"队友们十分佩服他。每天早班车上,毛青还结合实战经验和研究成果,开设"巴士微课"给战友们支招解惑。

"人有心劲,鼓足心劲就能打硬仗"

"人是铁饭是钢,我明天再来看你。要睁开眼睛,要笑啊,你要回去遛你的小狗狗,听到没有?"在火神山医院查房时,听说一位婆婆不吃饭,情急之下,毛青用重庆话狠狠"批评"了老人,还叮嘱孙女要好好照顾外婆。

"人有心劲,鼓足心劲就能打硬仗。"毛青告诉记者说,医生不仅治病,还要治心,"尤其是一些没有特效药的疾病,如何激励患者鼓起勇气是很重要的一环。当时，我们要做的，就是维护好患者的器官功能，为他们提供足够的营养，让患者可以通过自身的免疫修复扛过来。我们称之为生命支持。"

因此，毛青会用夸张幽默的语言与患者交流，老人们听力不好，他就凑到他们耳边大声吼，嗓子成了沙哑的"摇滚音"……

"一听脚步声，就知道毛医生来了。他走路的声音都充满自信！"一位患者曾这样说。

从武汉回来后，毛青很快又投入到紧张的工作中。每周一、二、四，但凡不出差，毛青总会出现在门诊。

毛青坐诊当天感染病科就会变得格外"热闹"，不少患者从全国各地慕名而来，天南地北的口音夹杂在一起。在候诊时他们时常也会交流几句："毛医生看得好。""他看了心里才踏实。"……

"既然选择当医生，就必须去担当，必须有付出，无条件可讲。病人在那躺着的，谁比你更了解你自己的病人？！"毛青说。

感染病科副教授彭景是毛青的学生。提起自己的老师，彭景说："他对患者很好，却不太爱照顾自己。"彭景记得初到科室时，毛青就说过一句话："我们要敬畏医生这个职业，尊重每一个生命。"

至今，毛青仍初心不改。

改编自李珩：《"我敬畏这个职业，尊重每一个生命"》，《重庆日报》，2021年12月28日。

霍仕平：
矢志服务"三农"的玉米专家

人物简介：

霍仕平，男，汉族，1962年1月生，九三社员，重庆三峡农业科学院五级职员，研究员，享受国务院政府特殊津贴。2016年获得全国五一劳动奖章，2020年获得全国先进工作者荣誉称号。

霍仕平（左二）在玉米田查看玉米新品种的生长情况（中共万州区委宣传部 供图）

六、事业篇——创新实干

霍仕平，重庆三峡农业科学院五级职员、二级研究员，国务院政府特殊津贴专家，全国五一劳动奖章获得者，重庆市先进工作者，重庆市农业科技先进工作者，重庆市学术技术带头人，重庆市优秀专业技术人才，重庆市万州区"平湖英才"首批人选。

他是重庆市作物遗传育种学科带头人、重庆市玉米育种首席专家，曾担任重庆市政协委员、重庆市人大代表，重庆市农学会常务理事、重庆市遗传学会常务理事、重庆市农作物品种审定委员会玉米专委会副主任委员、《杂粮作物》杂志编委。

扎根农科　默默耕耘勇创新

农业科研是一项单调而枯燥的工作，得甘于清贫，耐得住寂寞。参加工作以来，霍仕平全身心投入农业科研事业，长年累月扎根基地，38年如一日，带领团队勤奋工作，默默耕耘，无私奉献，负重拼搏，晴天一身汗、雨天一身泥，好几次晕倒在试验地里。

为了减少科研经费支出，他挖过多少地，挑过多少粪已记不清了；为了取得可靠的科研成果，他顶着蚊虫叮咬在试验地里守候无数个夜晚；为了保护自己的科研材料，他在追逐盗取材料的小偷时摔伤了身体……就这样年复一年，日复一日，30多个寒来暑往，凭借过硬的业务素质、踏实肯干的工作作风和"献身、创新、求实、协作"的精神，霍仕平赢得了组织和群众认可。

霍仕平在农业科研工作中勇于创新，主持和参与完成了国家科技部、农业部、省市级下达的重大重点科技项目30余项，2020年主持实施的国家科技部、农业部、重庆市重大重点科技项目有

5项。他主持和参与选育出30余个"优良玉米自交系"通过审定或市级鉴定，2个玉米新品种通过国家审定，51个玉米新品种通过省级审定，这些品种累计推广1.5亿多亩，产生经济和社会效益50多亿元。

潜心科研　助推农业现代化

一分耕耘，一分收获。经过几十年的艰辛努力，霍仕平带领团队取得了丰硕的成果，并荣获多项荣誉："高配合力玉米自交系南21-3的选育和应用研究"获1998年重庆市政府科技进步奖一等奖、1997年原万县市政府科技进步奖一等奖；"优良玉米自交系75-1的选育及其改良利用研究"获2000年重庆市政府科技进步奖二等奖、1999年原万州移民开发区管委会一等奖；"高配合力高产抗病玉米自交系286-4选育"获2005年重庆市政府科技进步奖二等奖、2004年重庆市万州区政府科技进步奖一等奖；"纯白高淀粉玉米新品种万单14选育与应用"获2009年重庆市政府科技进步奖二等奖、2008年重庆市万州区政府科技进步奖一等奖；"欧洲玉米资源BC8241Ht选系及其衍生系创制与改良研究"获2014年重庆市政府科技进步奖二等奖、重庆市万州区政府科技进步奖一等奖；"玉米BC8241Ht质源系列玉米杂交种的选育与应用推广"获2016年度农业部丰收成果二等奖；"玉米新品种南七单交的选育和应用"获1993年四川省政府科技进步奖三等奖、1991年原万县地区科技进步奖一等奖；"玉米新品种万单11号的选育与应用推广"获2002年重庆市政府科技进步奖三等奖、2001年重庆市万州区政府科技进步奖一等奖；杂交玉米新品种万单11、13号获农业部"九五"农作物新品种"后补助"二等奖。另获国家发明专利1项、植物新品种权10项。

霍仕平在繁忙的工作中仍笔耕不辍，在学术研究上硕果累累、著述颇丰。他先后主笔和作为通讯作者在《作物学报》《应用生态学报》《玉米科学》等10余种国省级刊物上发表《玉米雄穗的遗传和相关性研究》《人工模拟阴湿环境对玉米自交系生长发育特性的影响》《阴湿环境对玉米杂交种生长发育特性的影响》《玉米选系过程中GCA测定方法探析》等学术论文112篇，在SCI收录刊物上参与发表论文3篇，其他刊物论文7篇，对指导玉米遗传育种与技术进步发挥了重要作用。

在出色完成科研任务的同时，霍仕平还带领科研人员积极投身于科技开发，利用自有知识产权，将科技成果转化成为"三农"服务的现实生产力，为单位创直接经济效益2000多万元，弥补了科研经费的不足，增强了科研后劲，探索出了一条集研、产、推于一体的新路，为推进农业农村经济发展、农民增产增收，促进农业现代化作出了突出贡献。

改编自潘锋：《矢志服务"三农"的玉米专家》，《重庆日报》，2020年12月24日。

黎方银：
让石刻"活"起来的人

人物简介：

黎方银，男，汉族，1962年8月生，中共党员，大足石刻世界文化遗产旅游开发区管委会主任，大足石刻研究院院长、研究馆员。2015年获得全国先进工作者荣誉称号。

黎方银在办公室整理归类历史资料（齐岚森 摄）

六、事业篇——创新实干

在重庆市大足区，高铁候车厅内，公交车上，城区的很多景点里，石刻艺术元素随处可见。看到这一切，不少人会联想到大足石刻研究院院长黎方银，因为多年来，他已经成为大足石刻的"代言人"。

铁了心　沉下来

若论大足石刻现今的成就与地位，黎方银是有资格"得意"的。

前几年，大足石刻研究院启动实施"四百工程"主题文化推广活动，进一步提升了大足石刻的世界知名度和美誉度。

2019年，大足石刻国际旅游文化节吸引了数十万游客前来旅游朝佛。

但若回到37年前，大足石刻却远没有如今的风光。

1982年，黎方银19岁，从四川省旅游学校毕业后被分配到了当时的大足县文管所。第一天去报到，恰逢大雨冲断了通往宝顶山的机耕道，汽车无法通行，他只能淋着雨，沿着陡峭泥泞的道路步行上山。

到了文管所，黎方银的情绪随着发梢的雨水不断下落：石刻区周围都是杂草和荒土堆。在晦暗的雨幕中，文管所更显寂寥。

按惯例，黎方银本应被分配到国际旅行社当导游，过上当时很多人羡慕的住宾馆、坐好车、陪外宾的生活，可命运将他引向了大足石刻。

"当我第一眼看到崖壁造像时，就被她的美震撼了。"黎方银告诉记者，当时虽然身体又湿又冷，但精美绝伦的石刻令他血液沸腾。他决定留下。

黎方银被分到北山石刻工作，天天住在山上。山上经常停电，黑灯瞎火，冷雨凄清，但他耐得住性子，熟悉情况，潜心学习。

第二年，因为国际旅行社缺人，县政府准备调他走。时任文管所副所长的郭相颖舍不得这个勤奋好学的年轻人，晚上9点多去黎方银的宿舍想劝他留下。没想到，没有丝毫的犹豫和彷徨，黎方银坚定地回答："我就在这个地方干。"

1984年任文管所副所长，1989年任所长，1990年任重庆大足石刻艺术博物馆副馆长……职务发生变化、单位名称变更，但黎方银的初衷未曾改变，一如既往铁了心、沉下来从事文物研究工作。1989年，黎方银发表了近3万字的《大足北山佛湾石窟分期》论文，填补了大足石刻考古分期研究空白。又过了两年，他的第一本专著《大足石窟艺术》正式出版。

担责任　扛争议

如果将大足石刻保护划分为几个阶段，黎方银是这样定义的。

"第一阶段，新中国成立之前，主要依靠僧人、道士等宗教人士以及社会组织开展民间自发保护。第二阶段，新中国成立后至20世纪80年代初，注重以抢救为目的的保护。第三阶段，从80年代开始到申报世界文化遗产，进入有计划的保护阶段，这期间推进了很多保护工程项目。第四阶段，即申遗成功到现在，是科学保护阶段，保护工作的科技含量和技术手段都远远高于历史上任何一个时期。"

这一变化过程充满艰辛。钱,曾是让黎方银最焦虑的事情。

"那时系统的文物保护理念并未形成,国家财力也非常有限。到了第三阶段,虽然已经有计划地在开展专项保护工作,但资金远远不够。"黎方银说。

不仅缺钱,还缺技术。他回忆:"比如那时开展保护工作,国家给的主要是工程经费,无力投入更多人力来开展勘察和研究。"

钱和技术从哪里来?申报世界文化遗产是最佳途径。

1997年,大足石刻申报世界文化遗产工作全面启动,编写申报文本成为这项工作的重中之重。根据其他已成功申报的经验,申报文本都是聘请全国知名专家编写。但20世纪80年代以前,大足石刻根本鲜为人知,只有本地专家才最了解相关情况,于是,大足县委决定由时任大足石刻艺术博物馆副馆长的黎方银担任申遗文本编写组组长。34岁的他,在期待中担起重任。

文本组自1997年6月组建,全体编撰人员夜以继日地工作,申报文本四易其稿,所有图表、图片也经过多次筛选。黎方银感慨地说:"当时真是命都豁出去了。"

仅文本的印刷、地图的制作就颇费苦心。那时成都做地图最好,深圳的印刷最好,而送审则要跑北京。连续一个月,有恐高症的黎方银坐飞机在重庆、成都、深圳、北京之间辗转。

1998年6月18日,印制精美的大足石刻申报文本经国务院批准正式报出。1999年12月,历经两年多时间的申报终于迎来结果,大足石刻被联合国教科文组织列入世界文化遗产名录,申报文本也被评为重庆市社会科学一等奖,并被国家文物局推荐为范本。

凭借世界文化遗产这块金字招牌,大足石刻获益良多。"申遗成功后，资金和人才有了保障，大足石刻保护工作步入全新阶段。"黎方银说。

遇阻，通关，又遇阻，又通关……大足石刻保护之路，关隘重重。

千手观音是大足宝顶山石刻中最主要的一尊造像，其修复工作受到极大关注。在修复完成之初，也曾备受争议。有人认为，修复后虽然看起来金碧辉煌，但并没有修旧如旧，缺少年代感。

对此，作为研究院院长的黎方银承受了很大压力。"千手观音作为一个宗教文化遗产雕刻，修复后在艺术上呈现出怎样的效果是最难把握的。"他认为，一方面要遵循文物保护原则，最大限度保留它的历史信息；另一方面也要考虑千手观音作为宗教文化遗产的恢弘、庄严以及信众对造像的视觉需求。"实际上我们也在寻找两者间的平衡点。"黎方银说。

争议也发生在大足石刻的立法保护过程中。

早在2010年，重庆市人大常委会执法检查组到大足调研文物保护法执行情况时，黎方银就提出了升级法规的想法，但当时很多人认为没必要。

黎方银却坚持自己的想法："原管理办法仅为政府规章，未达到联合国教科文组织的最终要求。根据国际公约对世界文化遗产保护管理的要求，有必要制定地方性法规进行保护。同时，有效保护、合理利用、科学管理大足石刻也需要更强有力的法治保障。"

为此，黎方银积极配合开展相关工作，为大足石刻立法保护鼓与呼。"在我的记忆中，大规模的立法现场调研进行了6次，并3次征求市、区两级相关部门的修改意见。"他说。

2017年3月29日，《重庆市大足石刻保护条例》经市人大常委

六、事业篇——创新实干

会会议表决通过。消息传到黎方银这里，所有艰辛化为感动和激动。

"令我最感动的是研究院的前辈。一位国家级专家上世纪60年代来到大足石刻，他的任务是防止水患对卧佛造成影响。数十年来，他一直坚持治水。2015年，宝顶山大卧佛一期治水工程开工，起初效果并不明显，为此，80多岁高龄的他在两年内10余次到大足石刻帮助研究治理方案。直至去年经过雨季观察，治理效果良好，老人才终于放下心来。"黎方银说，前辈们的坚持，是他前进路上的标杆，是不竭的动力。

矢志不渝"大足学"

黎方银说，不久前，重庆市委领导曾到大足调研，提出要把保护好研究好利用好大足石刻作为谋划推进大足区发展的首要战略，要把大足石刻研究院建成世界有名的研究院。其间，领导特别叮嘱："你们到敦煌去好好看一下。"

"'北敦煌，南大足'之誉素来有之，但我们与敦煌还有很大差距。去看看他们的保护中心、数字中心，调研其管理机制，很有必要。"黎方银说。

对于大足石刻保护的下一步工作，黎方银说，有诸多设想和计划正在逐步落地。比如，将探索完善大足石刻研究院工作机制，加大人才引进和培养力度，加强与国内外高校、科研机构的交流合作，着力将大足石刻研究院打造成世界名院；创新保护手段，建设大足石刻监测预警中心、大足石刻保护中心，全方位实现大足石刻的动态监测和信息化管理；在研究方面还将持续推动以大足石刻为主体、涵盖川渝石窟文化研究的地域性学科——"大足学"建设。此外，还将进一步加强景区旅游基础设施建设，强化"互联网+"技术运用，全方位推进智慧景区和智慧博物馆建设。

前路遥遥不足为惧，因为来路艰辛都一一扛过。黎方银坦言，自己曾有很多机会调离大足文物部门，但他都放弃了，因为他的心在这里。37年来，黎方银担任过大足县文管所所长、重庆大足石刻艺术博物馆馆长、大足石刻研究院院长，并享受国务院政府特殊津贴，同时也是重庆市第五届人大代表。在耀眼的光环之外，黎方银却偏爱仰望安然若素的佛像。"与其对视，回忆思索，我仍是当年那个满怀热忱的青年。"黎方银说。

改编自宋婷婷：《让石刻"活"起来的人》，《公民导刊》，2019年第6期。

王导新：
站在抗击新冠肺炎疫情一线的博士生导师

人物简介：

王导新，男，汉族，1964年5月生，中共党员，重庆医科大学附属第二医院呼吸与危重症医学科主任，主任医师，国务院政府特殊津贴专家、国家临床重点专科学科带头人。2020年获得全国先进工作者荣誉称号。

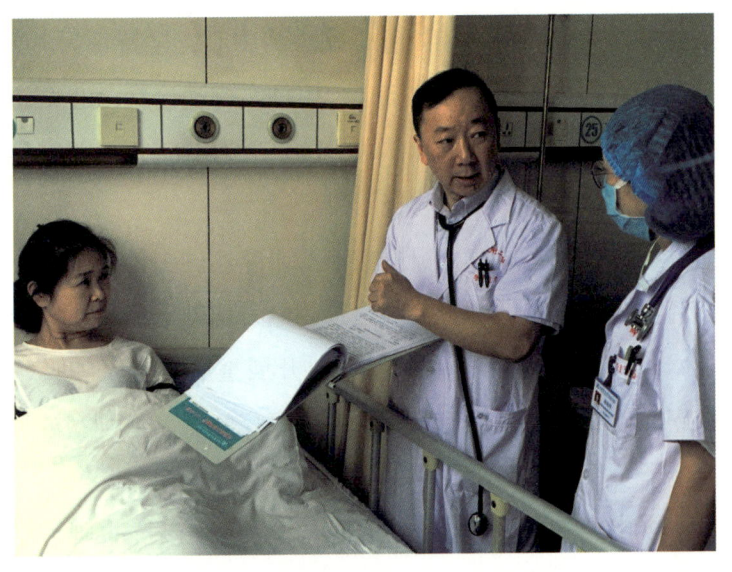

王导新在病房查房中和医生们交流病人治疗情况（受访者 供图）

全面建成小康社会重庆奋斗者

全国先进工作者王导新是重庆医科大学附属第二医院呼吸与危重症医学科党支部书记、科主任，主任医师，博士生导师、教授。

他在本职岗位上奋发进取、拼搏奉献，积极为加强社会保障体系建设，实施健康中国战略，维护人民健康作出了自己的贡献，获得重庆市政府科技进步奖二等奖（主研）、重庆市医学科技进步奖二等奖（主研）、重庆医科大学"科技成果优秀奖"等市级及以上科研奖励数项。

守土担责　技术创新

王导新从事呼吸专业33年，对呼吸系统疾病的诊治经验丰富，技术精湛，尤其是在呼吸危重症、胸腔镜、超声气管镜技术及肺部疑难杂症方面有较高的造诣。他以病人为中心，坚持每天7点前到科室了解病人病情，每周3次门诊，用朴实行动诠释全心全意为人民服务的职业精神，得到群众认可，为广大医务工作者树立学习榜样，为改善医疗服务作出了积极贡献。

他对急性呼吸窘迫综合征的救治及研究达国内领先水平，成功救治多例重症危重症患者；在国内首创电刀辅助下经超声气管镜纵隔活检术，并成功完成60余例操作；开展重庆市首家呼吸领域中晚期肺癌射频消融术，对治疗中晚期肺癌疗效显著；科室被重庆市卫健委授予"重庆市肺小结节工作室"。

早在2003年抗击非典的战役中，作为重庆市抗非典医疗救治专家组副组长，王导新每天在临床一线工作的时间都在14小时以上；并担任重庆医科大学附属第二医院临床抗击"非典"组组长，坐镇发热病房，查房、排查疑似病人，不怕困难，不惧危险，在重庆市抗击"非典"的阻击战中作出了突出贡献，被评为"重庆市渝中区抗击非典先进个人"。

2020年重庆出现新冠肺炎疫情以来，王导新足迹辗转万州、长寿、垫江、綦江、合川、巴南等20个区县，奔波5000多公里，会诊救治300多例新冠肺炎病例。

重庆本地新冠确诊病例清零后，他仍然继续到区县及公卫中心会诊、管理无症状者及境外输入新冠患者50余例，坚持每周一次到市公共卫生中心救治输入病例。同时，开展了5次新冠肺炎救治经验线上分享视频会议，参会人数累计3万余人次。

在诊疗过程中，王导新结合自身的专业优势，带领专家组创新、优化了多种诊疗方案，其中包括新冠早期预警与小剂量激素干预方法、重症新冠肺炎恢复期血浆疗法、膜肺（ECMO）对新冠病人的救治应用和效果等，提升了重庆基层呼吸危重症救治技术。

此外，王导新还牵头撰写了两版重庆市新冠肺炎危重症患者救治方案，有效提升了重庆市新冠肺炎患者治愈的成功率。

"我们的工作还要继续。"王导新说，虽然重庆目前的新冠肺炎确诊病患清零，人们恢复了正常的生活，但是疫情仍没有结束，他和同事随时做好了应急准备，始终冲在防控第一线。作为重庆市新型冠状病毒肺炎医疗救治专家组组长，他接受市卫健委指派，辗转多个救治点，常常顾不上吃饭，工作到深夜是常态。

学科建设　殚精竭虑

王导新作为呼吸内科主任，始终把学科建设放在第一位，为科室创建国家临床重点专科、国家呼吸与危重症病学（PCCM）专培基地、国家临床药物试验基地、国家呼吸临床研究中心核心单位、重庆市重点学科、重庆市呼吸危重症医学研究中心、中华医学会呼吸病学分会全国委员单位、重庆市首批医学领军人才单位等作出了突出贡献。

2017年，率先成立重庆专科联盟牵头单位，促进重庆、四川、贵州等70家医院加入医联体；实地指导市内所有区县医院的呼吸科；坚持每年20余次去联盟单位开展疑难病例讨论、查房，指导联盟单位学科建设；2018年，科室成为"国家呼吸临床研究中心核心单位"。

他多次在全国性学术会议上交流及专题报告；举办5次国家级、5次市级继续教育学习班，培训医护人员8000余名；2019年举办的第五届全国呼吸危重症年会参会人数创历届之最（2500余人现场参会，网络直播会议2万余人参会）。

科教并举　教书育人

王导新担任呼吸内科教研室主任、呼吸系统整合教研室主任，主管并承担教学任务30余年，亲自参与授课，教学经验丰富。他领导教研室承担多项医学教学内容，培养了大批临床医学专业硕士学位水平的高级医学专门人才，近10年培养博士后2名、博士25

名、硕士58名,博士数量居重庆呼吸科专业第一（25名）,荣获重庆医科大学"教书育人优秀奖"。

他所培养的博士的研究成果有7项获国家自然基金,4名博士的论文获得重庆市优秀博士论文,1篇博士论文获2019年度中华医学会"高影响力呼吸学术论文"奖;他创建博士后流动站,3次获评重庆医科大学优秀博士生导师（重庆5家教学医院呼吸科现任主任中唯一博士后导师）;他参编了人民卫生出版社出版的"5+3"及本科生整合教材2部。

2017年12月,王导新带领重庆医科大学附属第二医院呼吸与危重症医学科获国家首批PCCM专科医师规范化培训基地,也是全院唯一一个获专培资格的科室;2018年8月,重医附二院在国家呼吸与危重症医学科规范化建设项目中被认定为三级医院优秀单位;同年12月,重医附二院入选专修基地;2019年12月,重医附二院呼吸与危重症医学科专科医师规范化培训招生、教学能力在全国排名第四,为基层医疗培养了近百名临床骨干医师、护师。

王导新承担多项各级科研课题,主持国家自然基金3项;国家"'十三五'重大专项"子课题1项,省部级3项,厅级8项;国家发明专利1项;发表中文期刊论文110篇,SCI论著33篇,在ARDS领域的研究学术论文获2019年中华医学会"高影响力呼吸学术论文奖"。

改编自潘锋:《站在抗击新冠肺炎疫情一线的博士导师》,《重庆日报》,2021年6月1日。

杨浪浪：
让红色基因代代相传

人物简介：

杨浪浪，女，汉族，1972年10月生，中共党员，重庆市人民小学党委书记、校长。2018年获得全国"三八红旗手"荣誉称号，2021年获得全国优秀共产党员荣誉称号。

杨浪浪在宣讲党的十九大会议精神（熊明 摄）

六、事业篇——创新实干

"现场国歌旋律响起,我情不自禁地跟着大家一起放声高唱,对党的感恩、对新时代的礼赞之情油然而生。"

2021年7月4日,全国优秀共产党员,重庆市人民小学党委书记、校长杨浪浪依然沉浸于在北京天安门广场观看庆祝中国共产党成立100周年大会的喜庆气氛中。

杨浪浪说,重庆市人民小学是一所具有红色基因的学校,作为一名教育工作者,她要积极行动、担当作为,全面贯彻落实党的教育方针,坚持社会主义办学方向,坚守为党育人、为国育才的使命担当,让红色基因代代相传。

"为每一颗种子提供不同的土壤、温度、光照和水分"

"在义务教育阶段,学校教育不仅仅要让孩子们学会读书、写字、做题,更重要的是要学会感恩、学会学习、学会创造、学会生活;不仅要学会肩负起个人成长、家庭幸福的责任,更要学会担起民族复兴、国家强盛的使命。"2021年7月4日下午,在人民小学,杨浪浪向重庆日报记者道出她和人民小学的故事。

"培养什么人、怎样培养人、为谁培养人",是每一位教育工作者都应该思考的问题。在杨浪浪看来,教育不是千人一面,而是百花齐放。

"尊重孩子们的天性,让他们的每一种个性、每一种梦想、每一种尝试都得到应有的关注,帮助他们找到个性化的发展路径,让每个独特生命绽放精彩,是教育工作者的责任。教师要呵护每一个孩子的成长，为每一颗种子提供不同的土壤、温度、光照和水分，等待种子发芽生长。"杨浪浪说。

在她的倡导下，近年来人民小学建构了"基础课程—选修课程—社会服务课程—社团课程"四级课程体系，为学生们打造了一个个体验、开放、包容、综合的融合式学科教学课堂，并激励老师们因材施教，实施个性化教学。

在课堂上，孩子们可以感受英语、音乐、美术融合的数学课《东南西北》的乐趣；在大剧院的舞台上，他们以弹唱、情景剧、热力舞、英语剧等形式讲述与成长有关的故事；在校园里，他们可以"更加自由地成长"。

"让最美的童年在这里发生"的教育理念，为人民小学的孩子奠定了一生良好发展基础。

在她的带领下，人民小学先后荣获全国文明校园、全国文明单位、全国少先队红旗大队、全国特色学校、全国科技教育先进集体等数十项国家级荣誉。

"好奇、勇敢、责任、荣耀"是学校送给每一位孩子的礼物

2020年11月，首届全国大中小学劳动教育峰会在重庆市人民小学开幕。会上，人民小学展示了自己创设构建的劳动教育整体课程体系，发布了家庭劳动手册、学生劳动读本、"劳动萌主"小程序等实践成果，并率先发起成立全国大中小学劳动教育联盟，引发教育界的强烈关注和一致好评。

六、事业篇——创新实干

"培养德智体美劳全面发展的社会主义建设者和接班人,需要在提高学生综合素质等方面下功夫。学校教育的关键不仅仅是给孩子们传授知识,还要鼓励他们有好奇心和求知欲,点燃对学习的激情;勇敢地面对人生和生活中的挫折、困难,永不言弃。"杨浪浪说,"'好奇、勇敢、责任、荣耀'是学校送给每一位孩子的礼物。"

"好奇"是希望他们要对这个世界拥有不竭的好奇心,不断去学习、去创新,去探索宇宙,改造世界,服务社会,造福人类。

"勇敢"是希望他们在探索未来过程中遇到困难时,一定要有直面困难的勇气,有想方设法解决困难和克服挫折的能力。

"责任"则是对人生、对社会、对家庭、对国家的责任担当。杨浪浪说,一个能守住道德底线、自食其力的人就是一个成功的人,也是人民小学为之骄傲、感到荣耀的学生。

构建"朋友圈",与伙伴们在教育路上携手前行

打铁还需自身硬。近年来,杨浪浪在教育科研上取得了一系列成果。她主持国家级课题4项、省部级课题10项、省部级重大科研项目1项,主编著作6部,参编专著(教材)3部,在《中国教育报》《人民教育》《中小学管理》等刊物上公开发表学术文章20余篇。

杨浪浪在带领团队加快自身发展的同时,还努力构建"朋友圈",与伙伴们在教育路上携手前行。在她的带领下,人民小学通过"影子校长工程"、教师"1+1"跟岗研修、重庆市中小学教学

全面建成小康社会重庆奋斗者

领域高层次人才示范引领项目等,与全市38个区县108所县级、乡村学校建立帮扶机制,促进城乡教育共进,助力义务教育优质均衡发展。

与此同时,该校还通过教育部领航工程"杨浪浪校长工作室",先后联合6省开展校长培训,深度培训乡村学校校长20余名,帮助巫溪县天元乡中心校、巫溪县沙溪小学等10个边远区县学校发展,改变了这些学校的发展态势和面貌,一大批乡村教师和学生从中受益。

改编自匡丽娜:《让红色基因代代相传》,《重庆日报》,2021年7月5日。

简 敏：
辅导员不是只管吃喝拉撒的"保姆"

人物简介：

简敏，女，汉族，1968年4月生，中共党员，西南政法大学民商法学院辅导员。2020年获得"最美高校辅导员"荣誉称号。

简敏在"最美高校辅导员"发布仪式上（崔力 摄）

2020年1月11日晚，中宣部、教育部在中央电视台综合频道联合举行2020"最美大学生""最美高校辅导员"发布仪式。西南政法大学民商法学院辅导员简敏，荣获2020"最美高校辅导员"称号。

简敏从事辅导员工作22年，她是2932名学生心目中的"简妈妈"；她率先在全国带领大学生开展生存挑战体验……2020年1月10日，简敏接受重庆日报记者采访，分享了自己做辅导员的故事。

连续13年放弃休假

50出头的简敏扎着马尾，说话干净利落，浑身上下充满活力。"辅导员工作琐碎而繁重。"简敏说，"但能和有梦想、有朝气的青年大学生一起成长，很开心。"1998年开始，她便在西政民商法学院担任辅导员。

每一个新学年，她都必须提前熟悉数百名学生的情况；开学后，根据学生情况建立"贫困学生登记""心理疾患谈话"等各类档案；每逢除夕，邀请留校贫困学生到家里过年；临近学生毕业，帮助学生就业做各项工作……为了学生们，简敏已经连续13年放弃休假。

简敏的儿子9个月大时曾患肺炎住院，恰逢丈夫出差了，她忙着赶回学校筹备开学工作，便将儿子托给朋友照料。朋友埋怨她："天下没有你这么狠心的母亲！"

但学生们都爱这位"狠心"的"简妈妈"。她无微不至的关心，让学生们都喜欢跟她分享自己的欢乐和烦恼。

六、事业篇——创新实干

在社会大课堂培养学生创新能力

"辅导员不是只管吃喝拉撒的'保姆'。"在简敏看来,辅导员既做"人师",教品德,也做"经师",教知识。

2000年暑假,简敏带领9名学生到福州进行"陌生城市·120小时·10元钱"的生存体验社会实践活动。参与活动的学生每人仅有10元钱,需要在陌生的城市生存120个小时。

这次活动让万晶至今记忆犹新。"大家经历了各种难以想象的艰辛。"当年参加活动的学生万晶,如今已是一名律师,她回忆说:在那几天,有的同学遭遇了黑中介;有的因为听不懂福州方言被责骂;有的则靠电脑技术或心理咨询幸运地找到"准白领"工作……万晶感叹,很感谢简老师带领我们开展这场生存体验,让我们每个人都开始对自己的人生进行规划。

"大学生就应该在'社会大课堂'去锻炼。"简敏说,她希望用不同的课题激发学生探索问题的兴趣,提升学生解决问题的能力。

多年来,她先后带领学生进行"如何看待刑法数罪并罚"的社会调研,获得全国"挑战杯"大学生课外学术竞赛二等奖;对重庆50家青年社会组织进行调研,为政府优化青年社会组织服务提供智力咨询;走访都市留守儿童状况,提出相关调研报告……

2007年,简敏成为全市第一个获评教授的辅导员。

带出一批优秀辅导员

一枝独秀不是春。

全面建成小康社会重庆奋斗者

2015年，在市教委的支持下，简敏牵头成立"名师工作室"。这是重庆市首届辅导员"名师工作室"，由简敏带领校内外的18名辅导员一起开展相关活动。

简敏说，工作室组建"社情民意调查队""每周一案组"等团队，采用"1+N+X"（即"1位项目主任+N位专业教师+X位学生"）模式，带领大学生开展相关课题研究、社会调研和公共服务等活动。在西政，简敏还负责成立了学校辅导员教研中心，将全校110余名辅导员整合在一起，共同成长。

如今，简敏"名师工作室"已孵化出"蒋莉工作室""杨化工作室""胡绵娓工作室"等校级辅导员工作室。其中，蒋莉是简敏带的98级学生，是全国辅导员年度人物入围奖获得者。"简老师有三点对我影响很大：一是执着，二是热爱，三是创新。"蒋莉告诉记者，自己正是受简老师的影响，选择留校做了辅导员。

近年来，简敏"名师工作室"教师团队主持国家级及省部级精品项目和科研课题近20项，出版著作10部，发表学术论文80多篇，获市级以上荣誉称号20人次，教育辅导的学生获市级以上奖项多达1000人次。

改编自李星婷：《辅导员不是只管吃喝拉撒的"保姆"》，《重庆日报》，2021年1月13日。

后　记

　　2021年7月1日，在庆祝中国共产党成立100周年大会上，中共中央总书记、国家主席、中央军委主席习近平庄严宣告，"经过全党全国各族人民持续奋斗，我们实现了第一个百年奋斗目标，在中华大地上全面建成小康社会"。全面建成小康社会是中国共产党向全国人民交出的一份彪炳史册的答卷，彰显了中国共产党的宗旨，诠释了中国共产党人的初心和使命。全面建成小康社会也是中国为全人类作出的独特贡献，创造了减贫治理的中国样本，谱写了反贫困历史新篇章。为了全面记录这一具有重要历史意义、现实意义和世界意义的重大工程，由中宣部策划统筹，人民出版社联合全国32家地方人民出版社共同出版《纪录小康工程》丛书。

　　根据中宣部的部署安排，《"纪录小康工程"丛书重庆卷》（简称"重庆卷"）的编写出版工作由中共重庆市委宣传部牵头组织实施。市领导张鸣同志、姜辉同志高度重视，亲自审定出版方案和大纲。市委宣传部常务副部长曹清尧主抓具体工作，多次主持召开项目推进会议，组织审定书稿。市委宣传部副部长马岱良、曾维伦、马然希对丛书的规划、编撰、出版工作分别进行了深入指导，并参与书稿的审定工作，提出了宝贵修改意见。

　　"重庆卷"包含《全面建成小康社会重庆全景录》《全面建成小康社会重庆大事记》《全面建成小康社会重庆变迁志》《全面建成小康社会重庆奋斗者》《全面建成小康社会重庆影像记》五个分卷，全面记述了中华人民共和国成立以来，党和国家对重庆发展的关心支持，展示全市人民奋力建设重庆，在巴渝大地上全面建成小康社会的光辉履迹。中共重庆市委宣传部新闻处、出版处和宣教处对丛书的编写工作进行了全面协调、指导。同时，重庆市政府研究室、中共重庆市委党史研究室、中共重庆市委政法委员会、重庆市发展和改革委员会、重庆市教育委员会、重庆市科学技术局、重庆市经济和信息化委员会、重庆市民政局、重庆市司法局、重庆市公安局、重庆市人力资源和社会保障局、重庆市生态环境局、重庆市住房和城乡建设委员会、重庆市农业农村委员会、重庆市商务委员会、重庆市文化和旅游发展委员会、重庆市卫生健康委员会、重庆市体育局、重庆市统计局、重庆市乡村振兴局、重庆市大数据应用发展管理局、重庆市人民政府口岸和物流办公室、重庆市社会科学院等单位为丛书的编写提供了大量基础编写素材，对稿件进行了审读和把关，为丛书的顺利付梓作出了重要贡献。

本书由中共重庆市委宣传部拟定人物名单，由重庆日报负责编写。重庆日报总编辑张永才牵头，编著结构、拟定框架、撰写文字、全书统稿等由蔡正奋负责具体实施，董延、牛强参与协调、审阅。文字部分，吴昊、陈方会、雷雍参加了初稿筛选和编辑；图片部分，刘嵩负责实施，蔡正奋负责图片文字订正和审阅。西南政法大学的张北坪副校长、新闻学院李珮院长为本书编写提供了帮助和支持。

由于时间和水平有限，书中难免有错漏之处，敬请读者批评指正！

本书编写组

2022年6月